DIÁRIO

DE

UMA

ANSIOSA

BETH EVANS

DIÁRIO DE UMA ANSIOSA

OU COMO PAREI DE ME SABOTAR

TRADUÇÃO DE
GIU ALONSO

21ª edição

— Galera —

RIO DE JANEIRO
2024

CIP-BRASIL. CATALOGAÇÃO NA PUBLICAÇÃO
SINDICATO NACIONAL DOS EDITORES DE LIVROS, RJ

E93d

21ª ed. Evans, Beth
    Diário de uma ansiosa ou como parei de me sabotar / Beth Evans; tradução Giu Alonso. - 21ª ed. - Rio de Janeiro: Galera Record, 2024.
    : il.

    Tradução de: I really didn't think this through
    ISBN 978-85-01-11561-4

    1. Humorismo americano. I. Alonso, Giu. II. Título.

20-63974   CDD: 817
                                                            CDU: 82-7(73)
Leandra Felix da Cruz Candido - Bibliotecária - CRB-7/6135

Título original:
I really didn't think this through

Copyright © 2018 Beth Evans

Adaptação e composição de miolo: Renata Vidal

Todos os direitos reservados.
Proibida a reprodução, no todo ou em parte, através de quaisquer meios.
Os direitos morais do autor foram assegurados.

Texto revisado segundo o novo Acordo Ortográfico da Língua Portuguesa.

Direitos exclusivos de publicação em língua portuguesa somente para o Brasil adquiridos pela EDITORA RECORD LTDA.
Rua Argentina, 171 - Rio de Janeiro, RJ - 20921-380 - Tel.: (21) 2585-2000, que se reserva a propriedade literária desta tradução.

Impresso no Brasil
ISBN 978-85-01-11561-4

Seja um leitor preferencial Record.
Cadastre-se e receba informações sobre nossos lançamentos e nossas promoções.

Atendimento e venda direta ao leitor:
sac@record.com.br

EDITORA AFILIADA

Para todos aqueles que leram meu trabalho
ao longo dos anos...
Obrigada por mudarem minha vida.

Sumário

Introdução 11

1 Todo mundo está tão melhor que eu 15

2 Responsabilidades são um horror 25

3 Perigo: relacionamentos 37

4 Disputa do século: Eu vs. Meu cérebro 49

5 Sentimentos: entrega rápida 65

6 Dormir é só morrer sem compromisso 73

7 Pedindo ajuda e outras conversas assustadoras 83

8 Vamos falar de sentimentos por um segundo 93

9 "Positividade" é uma palavra pesada 105

10 Perfeição imperfeita 111

11 Doze pontos e amizades de correspondências 125

12 Ó Canadá! 133

13 The Pass 141

14 Seguindo em frente..................................153

15 Você é legal, eu prometo...........................161

Epílogo: Garota sobe ao altar.........................169

Agradecimentos 185

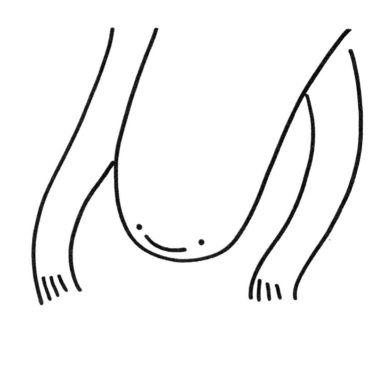

E aí?

Obrigada por comprar este livro. Ao fazer isso, você agora está no caminho certo para transformar completamente sua vida!... Brincadeira — minha nossa, como isso seria irritante. Além do quê, minha vida é uma zona e, com certeza, não tenho condições de sair dizendo a ninguém como viver.

Talvez você seja um pouco como eu. A vida adulta é cansativa e difícil, e você ainda está tentando encontrar seu lugar neste mundão doido, enquanto todo mundo com quem você estudou está casando e postando mil fotos da cerimônia nas redes sociais. Que gente mais metida e bem-sucedida. É ótimo.

Talvez você também se sinta triste e ansioso, tipo: *Essa depressão nunca acaba, e estou chateado sem motivo, e às vezes a televisão é a única coisa que faz algum sentido.* Está tudo bem, e eu, com certeza, já passei por isso também. Você não é o único a se sentir assim.

Posso não ter uma solução para seus problemas, dicas revolucionárias ou mesmo a menor ideia do que estou fazendo, mas tenho bastante experiência em tentativas fajutas de agir como uma pessoa adulta. Também tenho várias histórias vergonhosas, porque passar vergonha parece ser uma das poucas coisas em que sou ótima. E tenho algo a dizer sobre depressão, ansiedade e ser um adulto perante a lei, mas definitivamente não se sentir como um.

Enfim, o que estou tentando dizer é que você está ok. E às vezes estar ok é bom o suficiente.

Ok?

As coisas nem sempre são perfeitas,
mas estou aqui.

Eu estou melhor.

Eu sou eu.

Existe uma área específica do inferno chamada LinkedIn. A única e terrível razão para participar desse site é fazer você procurar pessoas com quem estudou no colégio para se comparar freneticamente a elas. Isso é útil em particular para aqueles de nós que estão tendo uma noite de autoestima ruim e precisam de um bom lembrete de como estão ficando para trás.

Ver todos os lugares chiques onde seus colegas estão trabalhando, e quem são seus contatos interessantes, serve para nos lembrar do quão pouco nós conquistamos. O LinkedIn provavelmente ganha milhões com a tristeza alheia.

Ficar fazendo comparações com as pessoas à volta é uma parte natural da vida. Faço isso de todas as formas possíveis. Não porque quero ser melhor que os outros, mas porque *sou muito insegura*. Podem ser coisas pequenas, tipo verificar como as outras pessoas estão vestidas em uma festa para ter certeza de que você está bem, ou questões importantes, como ficar bem chateada porque a garota que fazia bullying com você no colégio arrumou um emprego de prestígio. E pode ser péssimo não se sentir tão bom quanto os outros, porque, para abandonar esse pensamento, você precisa valorizar tudo o que já fez! O que, às vezes, não é tanto quanto você gostaria.

Já perdi horas na internet, fuxicando o perfil dos outros, vendo como suas fotos parecem tão adultas. Estudantes de medicina ou direito, professores — sério, essas pessoas conquistaram muitas coisas. E, meu Deus, *algumas delas estão casadas, com filhos*. Isso começa a despertar aquela sensação incômoda de competição, e sinto como se não estivesse nem perto da linha de chegada.

INSEGURANÇAS DIÁRIAS

MINHA CARA

SEJA LÁ O QUE ESTÁ ROLANDO EM MEU E-MAIL

AS ROUPAS QUE USEI

COMO AS PESSOAS ME VEEM

ALGUMA COISA NA INTERNET, PROVAVELMENTE

MINHA CARA (DE NOVO)

"SERÁ QUE FUI LEGAL O SUFICIENTE OU SERÁ QUE NUNCA SOU LEGAL O SUFICIENTE?!?"

TRABALHO, VIDA, CARREIRA, AMOR, FUTURO ETC.

...E MINHA CARA (MAIS UMA VEZ)

A ESPIRAL DE PROCURAR GENTE QUE VOCÊ CONHECIA ANTIGAMENTE

Pode ser bem difícil ver o quanto você progrediu na vida, mesmo sem a distração de um navegador de internet. Às vezes preciso me convencer de que está tudo bem — "Certo, essa pessoa tem uma carreira incrível e um milhão de amigos, mas, ei, não chorei em público hoje." A medida do progresso é específica para cada um de nós. Você se sentiu bem ao conseguir fazer alguma coisa, mesmo que seja algo mínimo? Então isso foi um progresso! E foi ótimo!

UMA CONVERSA COM MINHA MÃE

Mãe, fico preocupada tipo o tempo todo, especialmente antes de dormir e assim que acordo

porque tudo em que consigo pensar é TRABALHO TRABALHO TRABALHO, e se estou me esforçando o bastante, e tipo agora, o trabalho ocupa todos os meus pensamentos, e eu não consigo parar de pensar no que preciso fazer e no que posso fazer melhor da próxima vez.

Isso é normal?!? tem alguma coisa errada comigo?!?

Acho que isso é só ser adulto mesmo.

Que bosta.

Sempre vai haver alguém, em algum lugar, se dando melhor que você. Também tem alguém pior que você. É um ciclo sem fim de competição totalmente desnecessário. E às vezes um velho conhecido vai postar essas coisas no Facebook. Mas a boa notícia é que você pode criar sua própria definição de sucesso e progresso. Talvez você tenha ido a uma consulta médica ou se convencido a não procurar sei lá quem na internet. De qualquer forma, qualquer passo à frente é uma coisa boa, um passo atrás não é o fim do mundo, e manter os pés no chão é ótimo — às vezes pode até ser uma forma de seguir adiante. Você vai conseguir, não importa o que a amiga de sua mãe fala sobre os próprios filhos. Porque você é você, e, juro, não há sucesso maior que esse.

2

À s vezes eu me pergunto se, em algum momento, vou me sentir pronta para ser adulta, embora já esteja com 20 e tantos anos. No início, essa história parece uma linda miragem: liberdade! Tomar as próprias decisões! Ser adulto pode ser uma experiência divertida e atraente, mas tem um lado chato que acaba me cansando. Essa parte mundana inclui impostos, boletos, limpeza e, pior de tudo, fazer qualquer tipo de ligação telefônica em qualquer circunstância.

Telefonemas para médicos são o pior tipo de ligação que você pode fazer. Já é ruim o suficiente ter de falar com outra pessoa pelo telefone, sem poder ver a reação, mas você também precisa discutir INFORMAÇÕES MÉDICAS PESSOAIS! Uma tarefa que tem potencial para ser um desastre completo.

Uma vez precisei ligar para um médico e marcar uma consulta por conta de algo bem pessoal. O problema é que ando muito de bicicleta e acabei machucando a virilha.

— Alô? — disse a voz do outro lado. Eu estava nervosa... *Alô*, problemas pessoais *E* de comunicação, argh!

— Oi — respondi. — Hum, gostaria de marcar uma consulta com o médico. Sou ciclista e minha virilha está doendo à beça, não sei se isso é normal, e, de qualquer maneira, será que você poderia marcar uma consulta?

Silêncio.

— Você ligou para o número errado. Aqui é outro consultório.

Desliguei o telefone e não toquei nele de novo por vários dias. Porque ser adulto não torna você automaticamente bom em interagir com outros adultos, em especial quando você é novo nisso. Na verdade, muitos de nós somos péssimos nisso, porque não existe nenhum tutorial ou palestra de treinamento, então descobrir como ser adulto é um processo de tentativa e erro. Sim, é vergonhoso; sim, você vai falar coisas constrangedoras, mas não será o único. Todo mundo já fez e falou coisas de que se arrependeu profundamente, e depois desejou que a terra se abrisse e o engolisse.

COMO LAVAR ROUPA COMO UM ADULTO

Coloque tudo numa cesta

Coloque tudo na máquina de lavar

Coloque tudo na secadora

Enfie tudo de volta na cesta.
Você lavou roupa como um adulto!

Tchauzinho, celular!
Fora daqui.

Eu sou seu celular.

Também conhecido como um desastre prestes a acontecer!

LIGAÇÕES QUE VOCÊ, UM ADULTO, FAZ E RECEBE

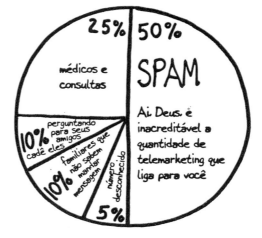

25% médicos e consultas

50% SPAM — Ai Deus, é inacreditável a quantidade de telemarketing que liga para você

10% perguntando para seus amigos cadê eles

10% familiares que não sabem mandar mensagem

5% número desconhecido

Houve outras ocasiões que definiram, de verdade, meu status de "adulta". Certa vez, numa véspera de ano-novo, todo mundo estava de férias da faculdade e a gente ia passar a noite na casa de minha amiga Brittany — foi ótimo encontrar sua família de novo.

A noite estava indo bem, e, antes que a gente se desse conta, meia-noite tinha passado, todos comemoraram e outro ano começava. Com sono, a gente se preparou para dormir nos sofás no porão de Brittany.

Quando amanheceu, a gente ainda estava meio grogue da noite anterior. Eu estava acordada, mas meio que só fiquei olhando para o teto por um tempo, porque é sempre esquisito ser a primeira a acordar nessas ocasiões. Aí Krystal se virou e gritou:

— AH, NÃO!

Todo mundo levantou de um salto e olhou para ela.

— O chão! OLHE PRO CHÃO!

No chão estava a mais comprida, mais preta, mais assustadora centopeia que eu já tinha visto. As perninhas todas se mexiam, meio que se afundando no carpete.

— O que a gente faz?

— Ela é grande demais pra esmagar!

Nós quatro estávamos paralisadas. Brittany pulou do sofá.

— PAI! — gritou ela. — TEM UMA CENTOPEIA GIGANTE NO PORÃO!

Uma pausa, e então um tilintar.

Rolando pelas escadas veio uma lata de inseticida. Do andar de cima, o pai gritou:

VAMOS CONHECER AS ENVOLVIDAS...

BETH
eu

ELI
minha melhor amiga do colégio e companheira de confusões

BRITTANY
minha primeira escolha para filmes ruins e cultura pop em geral

KRYSTAL
adora animações e tem um senso de humor incrível

— Você já é grande o suficiente para se livrar dela sozinha!

Naquele momento, nós quatro nos tornamos adultas — mas que não sabiam como matar uma centopeia gigante. Então a gente se apertou atrás de um sofá para observá-la. Era fato consumado que não daria para se livrar do bicho, então chegamos à conclusão de que era melhor deixá-lo em paz se ele fizesse o mesmo com a gente. Às vezes coisas de adulto são muito assustadoras, então você lida com elas da melhor forma possível.

DESTRUIÇÃO MÚTUA E DEFINITIVA

FORMULÁRIO ASSUSTADOR
DE IMPOSTOS PÉSSIMOS

ANOTE UNS
NÚMEROS AQUI.
NÚMEROS SEMPRE
FUNCIONAM!

NOME | CIDADE | ESTADO

VÁ EM FRENTE!

ENDEREÇO | PAÍS

ESCOLHA ALGUNS!

QUAL ERA SEU SONHO ANTES DE VIRAR ADULTO

PARECE MUITO OFICIA

STATUS

- ☐ CASADO
- ☐ SOLTEIRO
- ☐ NÃO TENHO MUITA CERTEZA AINDA
- ☐ SOZINHO

- ☐ EXPLORANDO AS OPÇÕES
- ☐ CASADA COM UM FAMOSO EM MINHA IMAGINAÇÃO
- ☐ O AMOR ESTÁ MORTO
- ☐ ADORO DAR TIQUES EM CAIXINHAS!

- ☐ UM TIQUE AQUI
- ☐ E AQUI
- ☐ ... SÓ SE VOCÊ LEU A PÁGINA A4
- ☐ ... BOSTA

ISENÇÕES
LISTE DEPENDENTES.
COMO FILHOS!

LISTE FILHOS IMAGINÁRIOS
DE SEU CASAMENTO
IMAGINÁRIO COM UM FAMOSO

VOCÊ NÃO AGUENTA MAIS ESSAS
PERGUNTAS SOBRE FILHOS QUANDO
MAL CONSEGUE TOMAR CONTA DE
SI MESMO?

- ☐ SIM

- ☐ COM CERTEZA

RENDA

1 SE PREPARE. VAI FICAR COMPLICADO

1A SÉRIO MESMO

2 HUM... SEI QUE GANHO UNS DINHEIROS E TAL

3 NÃO SEI O QUE ESSES FORMULÁRIOS SIGNIFICAM. ISSO É ALGUM TIPO DE CASTIGO?

4 PRECISO DE UM ADULTO DE VERDADE

PASSANDO O CARTÃO

O QUE (NORMALMENTE) ACONTECE

PASSE O CARTÃO

AUTORIZANDO...

APROVADO!
OBRIGADO!

QUAL A SENSAÇÃO

PASSE O CARTÃO

EI, É NO DÉBITO. VOCÊ TEM DINHEIRO SUFICIENTE NA CONTA?

DE VERDADE. MELHOR REPASSAR MENTALMENTE TODAS AS COMPRAS QUE VOCÊ FEZ NA ÚLTIMA SEMANA

SE O CARTÃO FOR NEGADO, VOCÊ VAI TER DE SE EXPLICAR PARA O ATENDENTE. OLHE QUE DIVERTIDO!!!

AUTORIZANDO...

APROVADO!
(POR ENQUANTO)

Algumas coisas simplesmente levam algum tempo. Entender o lance dos bancos, como organizar seu orçamento, matar insetos e pedir ajuda precisam de muitas tentativas e erros até darem certo.

Nem consigo dizer quantas vezes meu cartão foi recusado porque não organizei minhas contas ou não sabia exatamente quanto tinha no banco.

Errar faz parte da experiência de ser adulto, embora muitas vezes a gente veja os outros como sendo excelentes nisso, sem nunca dar uma mancada. A verdade é mais assim: as pessoas falham, e é falhando que elas aprendem a evitar essas falhas no futuro.

Talvez ser mais adulto signifique acompanhar seu extrato bancário ou aprender a prestar atenção à mensagem gravada no telefone antes de contar a um estranho sobre sua dor na virilha. Todos nós já passamos por isso. Está tudo bem.

Você está bem. Você consegue.

Eu acho fazer amigos uma tarefa difícil. E ainda mais difícil namorar. É tipo: *Ótimo, tenho de fazer tudo o que se espera de um amigo E tornar você o foco romântico de minha vida? Você sabe quanto tempo isso exige?*

Crushes famosos podem ser uma boa válvula de escape por um tempo, mas também acabam trazendo certa solidão.

E, é claro, tem aquele estágio superdivertido de um relacionamento quando você não sabe exatamente o que vocês dois têm.

Isso sem falar de como pode ser difícil sequer chegar a esse ponto. Primeiras impressões às vezes são uma confusão total.

O CICLO DO CRUSH FAMOSO

Do nada, encontra seu crush em um filme/ série/ banda/ livro.

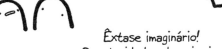

Acumula todas as coisas de que o crush já participou.

"Estou decepcionado com nosso casamento imaginário — acabou!"

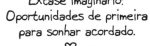

Êxtase imaginário! Oportunidades de primeira para sonhar acordado.

O CICLO DO CRUSH

Encontra alguém interessante.

Conversa superconstrangedora.

Essa pessoa está ocupando seus pensamentos? Que bom.

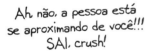

Ah, não, a pessoa está se aproximando de você!!! SAI, crush!

Tive um encontro desastroso alguns anos atrás que realmente exemplifica o pavor dos estranhos primeiros encontros. Eu havia conhecido o cara através de amigos em comum, e a gente trocou telefones e combinou de sair. Quando chegou a noite, nos encontramos num restaurante tranquilo, mas eu estava nervosa demais para comer. Não sabia bem

ISSO É UM ENCONTRO?

Às vezes pode ser difícil dizer se aquilo é um encontro de verdade ou se vocês só estão se divertindo — este guia vai ajudar você a decidir!

Quer sair um dia desses?

VEREDITO: ????

Estou me divertindo muito com você!

VEREDITO: quem sabe.

Aqui, deixe que eu pago.

VEREDITO: talvez?!?

Não estou shippando vocês de jeito nenhum! Só acho que vocês têm muito em comum!

VEREDITO: ah sim com certeza é um encontro.

o que dizer — conversas cara a cara já são pressão suficiente sem o contexto de um encontro. Acontece que isso não foi problema, porque o cara tinha muita coisa a dizer sobre literalmente tudo.

Ele se achava demais e era cheio de opiniões. O santo simplesmente não bateu. Se ele dizia "dia", eu respondia "noite"... Ou responderia, se ao menos ele me deixasse falar. Mas eu não sabia como terminar aquele encontro sem ser mal-educada, então fiquei lá sentada, terrivelmente sem jeito, fazendo sons de vago interesse para o que quer que ele dissesse. Finalmente parecia que as coisas estavam se encaminhando para o fim e que eu logo voltaria para a terra mágica chamada minha casa. Aí, quando a liberdade parecia ao alcance, ele falou as palavras que destruíram minhas esperanças:

— E aí, posso pegar uma carona com você?

Só para deixar claro, você não deve uma carona a ninguém, mesmo se acabou de sair com essa pessoa. Mas eu era jovem e ingênua, então concordei. Em minha mente, era um passo para longe do restaurante e para perto de casa. Nós andamos até meu carro, e a viagem foi quase toda em silêncio, até que ele sugeriu que eu colocasse uma música. A questão é que eu tinha passado grande parte da noite ouvindo suas opiniões sobre música. Ele me disse qual o ápice da boa música (punk) e o que eu não deveria ouvir (qualquer coisa que não punk). Sem hesitar, falei para ele pegar o CD que estava na porta e colocar no aparelho.

Assim que as notas de sintetizador de "Tom Sawyer" começaram, ele ficou preso em um inferno de rock progressivo até chegarmos a sua casa. Eu estava usando o álbum seminal *Moving Pictures* de 1981, do Rush, como castigo, porque eu sabia que ele acharia aquilo péssimo. O caminho todo foi terrível para nós dois — para mim, por estar tão perto de alguém com quem obviamente não me dava bem, e para ele, bem... A expressão já dizia tudo. Cada metro percorrido parecia um quilômetro. Quando ele saiu do carro, senti uma onda de alívio — dava para ver a luz no fim do túnel. Então o cara se virou para mim e perguntou:

— Ei, você quer entrar?

Ai, Deus, meu escudo de defesa de rock progressivo não tinha funcionado. *Ele ainda estava interessado.* Aquela era uma situação desesperada, que pedia uma solução desesperada. Eu aumentei o volume da música — faixa dois, "Red Barchetta" — o máximo possível e comecei a gritar.

— O QUÊ? NÃO ESTOU OUVINDO! — Gesticulando loucamente para demonstrar. — NÃO ENTENDI O QUE VOCÊ DISSE. PRECISO IR, TCHAU! — Acenei como uma doida, e o tom esganiçado de meus gritos combinava perfeitamente com a voz de Geddy Lee àquela altura. Eu me estiquei meio sem jeito e tentei bater a porta do carro o mais rápido possível.

O cara ficou na calçada, sem entender nada. Arranquei e não olhei para trás, deixando os estrondosos acordes iniciais de "YYZ" me guiarem para casa.

O amor já é bem difícil sem toda a expectativa de causar uma boa primeira impressão e a possibilidade de ter de torturar o cara com rock progressivo. Também tem a ver com enxergar a si mesmo como digno de ser amado, aceitando todas as suas diferentes facetas. É um pouco como um diamante, quando todas aquelas partes brilhantes e dimensões intrincadas criam um conjunto incrível. Ver esses pedaços se reunirem e se tornarem uma pessoa única e completa é amor de verdade. E ver isso em si mesmo pode ser a coisa mais difícil do mundo.

Amor-próprio está na moda agora, um movimento positivo para ajudar as pessoas a se aceitarem. Mas, para muitos de nós, isso pode ser um baita desafio. Muitas vezes, eu me pego pensando, tipo, *Como eu, um lixo completo, um verdadeiro embuste, posso encontrar nesse lixão que sou a capacidade não só de amar a mim mesma, mas a outras pessoas também?* É um objetivo difícil, especialmente para quem tem baixa autoestima.

Para mim, muitas vezes tem a ver com encontrar um pedacinho de meu lixo que eu realmente gosto. Nunca é nada impressionante ou grandioso, como *Eu estou linda hoje, espero que todo mundo perceba como estou linda!* Em geral é um detalhe insignificante, tipo *Escolhi uma cor legal de esmalte* ou *Tenho um ótimo gosto musical que ninguém,*

AMOR-PRÓPRIO É DIFÍCIL

em especial os caras, aprecia. São as pequenas coisas de que gostamos em nós mesmos que, muitas vezes, fazem as outras partes se encaixar, formando um todo bacana. Amor-próprio será impossível em certos dias, e pode parecer o maior desafio de todos. Afinal, nós nos permitimos ficar frustrados e irritados com os outros, então é natural que nos sintamos da mesma forma sobre nós mesmos. Você passa 24 horas por dia, sete dias por semana com você mesmo, e isso é tempo à beça para passar com qualquer pessoa.

Seja legal, seja gentil, seja delicado consigo mesmo e com os outros. Use um esmalte bonito, ouça a música de que você gosta, e o resto vai acabar acontecendo. Ou algo assim.

Nosso cérebro nem sempre é o aliado mais confiável e, ainda assim, é ele quem decide como vivemos o tempo todo. O estresse que isso causa é enorme, e às vezes parece uma batalha interminável só para chegar ao fim do dia. Além disso, acho que meu cérebro me odeia.

É um pouco estranho pensar que um órgão importante possa ser hostil ao próprio organismo, mas acredito de verdade nisso. Nenhuma outra parte de meu corpo me causou tantos problemas tantas vezes e, ao mesmo tempo, me faz sentir a pessoa mais inútil do planeta.

Para quem não sabe, ter um ataque de ansiedade é como ser empurrado do topo de um prédio, mas sem poder gritar. É uma onda silenciosa durante a qual seu corpo decide o que vai acontecer e toda a lógica deixa de importar. O pior é que às vezes isso se passa em público. Aí você não só precisa descobrir como cuidar de si mesmo, mas também tem de tentar não assustar todo mundo em volta.

Por exemplo: certa vez fui com uns amigos assistir ao show de stand-up de Dylan Moran, em Chicago. Ir a eventos sempre me deixa em pânico, não importa o quanto me divirta. A situação toda era inacreditavelmente frustrante. Eu estava com pessoas de quem gostava, ia assistir a uma apresentação de um comediante de quem era fã, e ainda assim tudo em que conseguia pensar era como fugir para bem longe. Passei a maior parte do jantar tremendo e chorando, desesperadamente tentando esconder isso de todo mundo, mas com a certeza de que todos me olhavam. O que era para ter sido uma experiência feliz e divertida acabou comigo no banheiro do restaurante, vomitando de tanta ansiedade. Só relaxei um pouco depois que a apresentação começou. E, mesmo enquanto ria das piadas, ainda sentia um aperto de medo na boca do estômago.

Ansiedade é um sentimento poderoso e, quando decide atacar, pode vir das formas mais estranhas e muitas vezes vergonhosas. De repente, tudo em que você consegue se concentrar é no terror e medo absolutos crescendo dentro de sua cabeça. Quando estou ansiosa, fico obcecada em manter todos calmos ao redor. É como se, no minuto em que começasse a me sentir mal, eu precisasse me concentrar em outra pessoa e não no que está acontecendo comigo.

Outra coisa curiosa que vem com minha ansiedade é o distúrbio obsessivo-compulsivo. É uma doença baseada em pensamentos intrusivos e rituais; pensamentos indesejados surgem, e você reage com um ritual para lidar com eles. Existe uma ideia de que o TOC é uma característica engraçadinha e divertida — ah, você gosta das coisas arrumadas de acordo com as cores e em ordem alfabética! Muitas vezes acaba virando piada, as pessoas fazem graça com coisas sobre TOC, e não é raro que seja um traço de personalidade adorável em séries de TV, livros e filmes.

O que a maior parte das pessoas não vê é a profunda tristeza e o sofrimento que essa doença traz.

Lido com o transtorno obsessivo-compulsivo desde criança. As coisas realmente começaram a ficar complicadas no segundo ano do ensino fundamental. A gente tinha começado a estudar doenças na escola, e fiquei obcecada por germes. De repente, tudo parecia contaminado. À noite, eu me enrolava nos cobertores, tentando me proteger dos germes que com certeza me pegariam, e ficava deitada, insone, por horas e horas, preocupada. Se você olhar meus diários da época, literalmente são páginas e mais páginas falando sobre contaminação.

A parada sobre ansiedade e querer controlar as coisas é a seguinte:

Quando você planeja alguma coisa e cancela, às vezes as pessoas ficam chateadas,

o que é a última coisa que eu quero!

Tipo, sim! Eu quero fazer essa parada! Muito, muito mesmo!

Mas meu pânico me domina, não só mental mas também fisicamente.

Meu peito dói, e o pior é que fico com o estômago embrulhado e com enjoo, aí vomito.

Então acabo cancelando,

o que decepciona as pessoas

e a mim também.

Aí eu acabo cheia de culpa e raiva de mim mesma,

sem falar na eterna sensação de "ESTOU PERDENDO TANTA COISA".

e, às vezes, isso pode ser pesado.

Não tem problema recuar um pouco e perceber que nem tudo vai ser fácil para todo mundo — todos temos pontos fortes e fracos,

e só porque uma coisa não é possível agora, não significa que não possa ser possível no futuro.

ATIVIDADE

Todo mundo tem medo de fazer alguma coisa, mesmo se for algo que você queira fazer,

e cancelar um plano não é o fim do mundo (mesmo que pareça assim).

Você pode cancelar planos, mas não pode cancelar o quanto você é incrível!

Logo esses medos começaram a impactar minha vida. Eu não gostava de apertar a mão das pessoas ou de abraçar outras crianças, e sempre ficava preocupada com algum vírus desconhecido prestes a me contaminar. Meu cérebro se ajustou, me dando várias tarefas para completar. *Ligue e desligue a luz do quarto antes de dormir. Lave as mãos quatro vezes. Passe pela porta duas vezes. Faça isso e estará segura. Todo mundo estará seguro.*

Conforme fui ficando mais velha e mais estressada, o transtorno piorava. Banheiros públicos se tornaram um pesadelo, bailes da escola eram um tormento (dançar *e* encostar nos outros!), e minhas tarefas foram ficando fora de controle. Às vezes, eu ficava parada ao lado do interruptor, ligando e desligando a luz mais de cinquenta vezes até a sensação passar. As pessoas começaram a perceber meus hábitos, e eu tentava despistá-las, dizendo que eram só minhas esquisitices. Não é que eu quisesse fazer essas tarefas — meu cérebro simplesmente me dizia que eu precisava fazer, se quisesse ficar bem. Contanto que eu ficasse de boas com aquilo, talvez as pessoas ao redor também pudessem ficar.

Foi só quando comecei a fazer terapia, já adulta, que percebi como isso era uma questão de saúde mental, e que havia formas de lidar com aquilo. Embora algumas tarefas ficassem mais fáceis de suportar, conforme eu me esforçava para me distrair, fui ficando cada vez mais triste com o estigma associado ao TOC. As pessoas tratavam essa doença como um traço de personalidade engraçado, mas ignoravam por

Quando eu era mais nova, tinha dificuldade em lidar com meu TOC porque não sabia o que era — só que eu precisava fazer algumas coisas para me sentir bem.

Mas um dia eu esqueci de cumprir todos os meus rituais e de prestar atenção a meus sistemas porque era Natal e eu só queria me divertir.

No dia seguinte, li o jornal e pirei.

Eu não tinha feito meus rituais + algo ruim aconteceu =

TUDO MINHA CULPA

Isso foi culpa minha...

Sabe, o TOC funciona meio como um ciclo para mim:

↗ MEDO ↘

"Certo, mas nada está errado agora, então..."   Ritual traz tranquilidade

↖ Me sinto melhor ↙

Só que, como eu quebrei o ciclo por um dia e um desastre aconteceu, eu realmente internalizei aquilo como Minha Culpa.

 Lógico que, depois de adulta, eu sabia que não poderia ter causado um desastre por ter esquecido de ligar e desligar um interruptor cinco vezes.

Mas essa é a parada do TOC! Ele faz você pensar que isso é normal!

Com o tempo, meu ciclo do TOC mudou um pouco

MEDO ↘
  Ritual traz tranquilidade
    ↓
"Tô fora, tchau!" ← "Espere, eu preciso mesmo fazer isso? Sério?!?"

"Nananinanão, hoje não."

Eu já consigo controlar o impulso dos rituais de forma mais eficaz, embora ainda seja difícil às vezes.

Preciso ser paciente comigo mesma e entender que não posso dar uma rasteira no TOC o tempo todo, mas consigo ter bons dias...

E quanto mais dias bons eu tenho, melhor me sinto.

completo a imensa ansiedade que a acompanhava. Enquanto davam risada pelo método de organização de livros de alguém (*Aaaaaai, que TOC*), as pessoas nunca percebiam o pânico por não conseguir fechar a porta "corretamente", ou o ataque de choro causado por não poder lavar "direito" o banheiro às duas da manhã.

A última gota para mim foi a festa de aniversário de um amigo. Fomos em grupo a um restaurante certa vez. No fim do jantar, várias pessoas precisavam usar o banheiro, então fomos todos juntos. Eu tinha me esforçado especialmente nos últimos anos para conseguir usar banheiros públicos, e achei que não seria nada demais. A fila estava um pouco grande, mas a gente tinha muito assunto, o que me ajudou a me distrair de alguns medos.

Finalmente chegou minha vez, então entrei em uma cabine... só que o pânico começou a tomar conta de mim. Meu estômago revirou, senti um peso no peito, comecei a pirar. Às vezes, é difícil se livrar de medos antigos. Saí daquela cabine e entrei na próxima vaga, torcendo para que estivesse limpa o suficiente para o critério ridículo que meu cérebro havia inventado daquela vez.

Aí ouvi as pessoas falando.

Uma mulher — próxima a minha cabine — começou a falar:

— Não entendi, ela entrou e saiu da cabine?

— Bem, parecia normal para mim. Qual será o problema dela? — disse uma outra.

COMO AS PESSOAS PENSAM QUE É MEU TOC

Haha, sou tão organizada!

Uuuuuh, uma sujeirinha, melhor limpar isso! Limpar! Amo!

Uuuuh, amo organizar tudo por cor E em ordem alfabética!

COMO MEU TOC REALMENTE É

Eu tenho tantos sistemas e regras a seguir que fica tudo uma zona.

BEM, agora está tudo contaminado e preciso arrumar tudo de novo com essas minhas regras loucas. Odeio minha vida.

Quem é você?!? Não sou eu, isso com certeza.

E começaram a rir. Fiquei sentada no vaso, chorando em silêncio, porque, naquele momento, todo o esforço que eu tinha feito parecia inútil. Qual o sentido de tentar melhorar, se mulheres adultas — completamente adultas — iam me tratar como piada? Eu me recusei a sair até ter certeza de que elas tinham ido embora.

Já é bem difícil lidar com a ansiedade sozinha, e bem pior quando as pessoas tentam sacanear você. Encontrar o equilíbrio é uma luta diária. Às vezes, simplesmente seguir em frente parece impossível, em especial quando parece mais fácil se deixar abater pelo medo, mesmo que saiba que não é bom para você. Mas cada passo em direção a dominar esses temores é positivo, e um passo atrás não significa que todo o seu trabalho não serviu de nada. Prefiro pensar que cada coisa que me aconteceu foi uma "experiência". Sim, o dia do restaurante foi um acontecimento ruim, mas ainda entra na categoria geral de "experiência", e, quanto mais eu faço coisas, mais aprendo. O importante é não deixar a ansiedade impedir você de fazer as coisas que quer. Por muito tempo, simplesmente me recusei a ir a shows ou peças de teatro, mas isso me deixava chateada de outra maneira, porque estava perdendo aquela oportunidade. Eu melhorei bastante em como lido com a ansiedade. Agora, saio e lido com ela. Consegui aproveitar várias noites, e usei banheiros públicos sem incidentes. Esses pequenos passos, tanto bons quanto ruins, são muito importantes quando se trata de encarar a ansiedade.

Pode ser difícil se convencer a sair e fazer coisas de novo — e talvez não seja totalmente perfeito.

Então aqui vai um guia rápido de pequenas atividades que gradualmente podem se transformar em coisas maiores e mais divertidas!

NÍVEL INTRODUTÓRIO

MERCADO
LOJA DE DEPARTAMENTO
CORREIOS
LANCHONETE CASUAL

Todos esses lugares são ótimos porque você não precisa comprometer muito tempo ali — pode ir embora a qualquer hora, e as saídas são bem visíveis. Também tem um nível de contato humano limitado, então não se preocupe se você tem medo de falar besteira!

NÍVEL FÁCIL

SHOPPING
PARQUE
LOJA PEQUENA
RESTAURANTE

Esses lugares são um pouco mais complicados que os anteriores, porque requerem certo comprometimento e dão margem a conversas. É mais provável que você seja abordado em lugares como shoppings, lojas pequenas ou parques, e tudo bem se você não souber o que falar. Todo mundo passa vergonha às vezes!

NÍVEL MÉDIO

- CINEMA
- SAIR COM AMIGOS
- VISITAR AMIGOS/ FAMÍLIA
- MUSEU/ PASSEIO

Estamos entrando na parte funda da piscina! Esses lugares necessitam de um nível de comprometimento, mas ainda têm estratégias de saída. São ótimos para praticar se tem uma coisa importante e assustadora que você quer muito fazer! Coloque sua habilidade de lidar com a ansiedade para trabalhar e não tenha medo de tentar. Você consegue!

NÍVEL DIFÍCIL

- VIAGEM DE UM DIA
- SHOW
- JANTAR
- GRANDE EVENTO PESSOAL

Esses compromissos podem ser um desafio enorme, mas são muito recompensadores! Eles exigem uma dedicação de tempo maior e é difícil fugir deles. Interagir com outras pessoas também é necessário. Se as coisas não derem certo, você pode ter a sensação de que não quer fazer isso nunca mais, mas tentar de novo é essencial. Certifique-se de ter um plano, caso a ansiedade bata, e de saber o que fazer!

Pode parecer assustador, mas você totalmente consegue!

Ansiedade é um saco, mas você pode se preparar.

Não importa o quanto as coisas estejam ruins, você consegue!

PLANO CONTRA A ANSIEDADE

QUE TIPO DE ANSIEDADE VOCÊ ESTÁ SENTINDO?

- ☐ ESPECÍFICA — sei exatamente qual o problema
- ☐ DESCONHECIDA — não tenho ideia de por que estou me sentindo assim

⋮ DESCONHECIDA ⋮

Às vezes, seu corpo decide que AGORA é hora de se sentir péssimo. É um saco, e a ansiedade sem motivo aparente é bem difícil de lidar.

Você pode tentar identificar a causa, comparando seu pânico atual com pânicos passados que já tenha superado.

⋮ FAÇA ALGO ⋮

A ansiedade se fortalece ao controlar sua mente. Tentar qualquer coisa para mudar seu foco é uma boa ideia!

⋮ ESPECÍFICA ⋮

Se você sabe qual o problema e por que está chateado, pense no que está errado. Tem alguma coisa que você pode efetivamente fazer para mudar? Se não, imagine um pouco o que gostaria que acontecesse em vez do que está havendo.

E lembre-se: derrotar o monstro da ansiedade pode ser demais para uma só pessoa. Não tenha medo de pedir ajuda!

UMA LISTINHA MEIO DIVERTIDA DE PREENCHER

SEU PLANO CONTRA A ANSIEDADE

O tipo de ansiedade que
estou sentindo é...

☐ ESPECÍFICA

☐ DESCONHECIDA

Liste algumas coisas
que estão rolando ↓

_____

_____

_____

_____

⁖ CALMA ⁖

Aqui estão algumas ideias calmantes
se você está num momento difícil

☐ Dê um passeio

☐ Ouça uma música

☐ Assista a um vídeo de que você gosta

☐ Lave o rosto

☐ Diminua o ritmo de sua respiração

☐ Escove os dentes

☐ Escreva seus
sentimentos

☐ Rasgue os sentimentos que você escreveu

☐ Ignore a internet/e-mail

☐ Sinta um cheiro forte (como perfume!)

☐ Alongue-se

☐ Toque diferentes superfícies e
se concentre nas texturas

☐ Mande uma mensagem para alguém

☐ Faça carinho em um cachorro

☐ Beba água

☐ Faça uma
tarefa
mecânica

B Ô N U S !

⁖ CALMA: VOCÊ ⁖
ESTÁ EM
PÚBLICO

☐ Estique os dedos em um
ritmo relaxante

☐ Encontre uma parede
e se recoste

☐ Afaste-se da multidão

☐ Observe seus batimentos
cardíacos e sua respiração

☐ Escreva ou desenhe qualquer coisa

☐ Mude sua postura corporal

☐ Jogue um pouco de água fria
no rosto

Fui a um show recentemente. Foi meu primeiro show apoteótico em muito tempo — em muitos anos, na verdade. Eu estava tão nervosa; nervosa enquanto dirigia até lá, enquanto estacionava, enquanto achava meu lugar. E se eu pirasse? Vomitasse? Chorasse? Mas, conforme a noite foi passando, percebi que estava me divertindo mais e mais. Quando o show começou, eu comemorei com todo mundo. No meio do evento, um pensamento importante me ocorreu:

Estou bem feliz por ter feito isso.

5

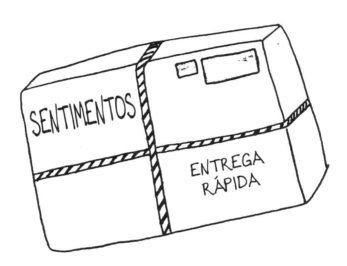

Não importa sua experiência com sentimentos: aprender a expressá-los de forma saudável pode ser muito difícil.

Treinei artes marciais por muitos anos quando era mais nova. No início, era só uma atividade divertida depois da escola, e eu gostava de conhecer gente nova, correr e ter umas briguinhas leves com meus colegas. Mas um professor novo assumiu e tudo mudou.

Ele era muito intenso, alguém com quem você imediatamente sabe que é melhor não se meter. Acabaram as brincadeiras antes do treino, e no lugar vieram momentos tensos e silenciosos à espera dele. Por sorte ele não dava muitas aulas, e eu ainda conseguia rir com os professores de sempre. Em um esporte que valoriza técnica e exatidão, muitas vezes eu não atingia a perfeição, mas gostava de ser capaz de me aprimorar. Meus professores eram pacientes e me ajudavam quando eu ficava nervosa, e assim fui me graduando.

Quando cheguei aos níveis superiores, aquele cara tinha virado o único instrutor. Enquanto os outros eram compreensíveis com os limites dos alunos, e muitas vezes os levavam em conta durante as lutas, ele em geral vinha para cima de mim com toda a força, sem se segurar. Sempre parava antes que as coisas saíssem de controle, mas era desanimador saber que um cara de meia-idade me atacaria sem pensar duas vezes, e sempre ia ganhar.

Era ainda mais complicado porque eu sabia que ele me faria chorar.

Se não gostava de risos antes das aulas, ele odiava ainda mais choro durante, e eu sempre acabava aos prantos em sua turma. Às vezes, eu estava lutando com minha dupla, tendo dificuldade para fazer os movimentos corretamente, e ele vinha, agressivo, para cima de mim. Em geral, quando eu começava a parecer nervosa, os outros professores me davam alguns segundos a fim de me acalmar, me lembravam de que eu estava indo bem, e, então, eu tentava de novo. Ele não fazia nada disso; apenas dizia:

— Vai chorar de novo?

E olhava para mim como se eu estivesse causando o maior problema do mundo. Aí eu começava a chorar, em parte por preocupação em executar bem os movimentos, em parte porque eu ficava com tanto medo de chorar que acabava chorando.

— Se você vai chorar, vai ter de sair da sala — dizia ele com um ar de autoridade, me dispensando na frente dos outros alunos.

Era humilhante esperar do lado de fora com os pais. Durante esse tempo em que eu teoricamente deveria estar me acalmando, na verdade me sentia tão envergonhada que amarrava e desamarrava o tênis, só para ter o que fazer. Aí, sem falta, ele aparecia, sempre fazendo uma cena, e dizia:

— Se você acha que se acalmou o suficiente, pode voltar à aula.

Esse processo se repetiu várias e várias vezes, eu entrando em pânico, ele me humilhando e me expulsando da sala, até que por fim desisti das aulas.

Embora eu tivesse passado anos aperfeiçoando os movimentos, melhorando minha coordenação e aumentando a velocidade das minhas respostas, a maior lição que tirei dessa experiência foi que mostrar emoções é uma coisa ruim e que eu precisava ser perfeita. Não boa: perfeita. Eu me tornei mestre em abafar qualquer emoção que me incomodava, e me preocupava muito sobre ser flagrada chorando. Lágrimas se tornaram um motivo de vergonha, e alcançar a perfeição se tornou um desejo ardente em todos os aspectos da minha vida.

Eu fiquei obcecada em ser perfeita e engolir qualquer sentimento que não fosse felicidade. Estava sobrevivendo, mas não era eu mesma. Estava apresentando para o mundo uma versão melhorada de mim mesma, em que era impossível ver todos os machucados e cortes que me marcavam por dentro. Era uma forma doentia de viver. Bons ou ruins, legais ou vergonhosos, sentimentos são reais, e eles existem — quer você queira, quer não.

COMO É QUANDO ESTOU EM UM DIA RUIM

COMO PARECE

ENGOLE O CHORO

Está tudo bem. ✱

✱ Está tudo bem.

Está tudo bem. ✱

✱ As coisas poderiam estar melhores.

Está tudo bem. ✱

✱ Não estou muito legal.

Está tudo bem. ✱

✱ Na verdade, eu estou chateada.

Está tudo bem. ✱

✱ É, estou bem chateada mesmo.

Está tudo bem. ✱

✱ Estou chateada e quero falar sobre isso, mas não sei como.

Está tudo bem. ✱

✱ Isso está me destruindo e realmente não está legal.

Está tudo bem. ✱

✱ Isso não é nada, nada bom.

Não está tudo bem. ✱

✱ Ótimo, olhe aonde eu tive de chegar para conseguir expressar o que estou sentindo.

DIGA O QUE VOCÊ ESTÁ SENTINDO!

Sim, expressar seus sentimentos é um saco e pode ser bem assustador, mas também pode tirar um peso emocional dos seus ombros.

 Aqui estão algumas coisas que aprendi sobre isso:

Frases com "eu" ajudam, e a pessoa com quem você está falando vai ter mais facilidade e entender o que você quer dizer. Frases com "você" podem chatear os outros.

Se você não consegue identificar claramente o problema, se concentre nas emoções que está sentindo e siga daí.

Às vezes, é difícil se comunicar; a outra pessoa pode não entender o que você quer dizer ou como se sente, mas não desanime e tente de novo!

Você precisa ser honesto consigo mesmo antes de poder dividir seus sentimentos com os outros.

Você vai ter de lidar com seus sentimentos mais cedo ou mais tarde, e engoli-los só vai causar mais sofrimento. Aceitar suas emoções definitivamente não é tarefa fácil, mas é essencial. Sentimentos existem para alertar quando algo está errado, ou para confirmar que você está no caminho certo. Quanto antes escolher abraçá-los, mais alívio você vai sentir — e eles também.

DORMIR É SÓ MORRER SEM COMPROMISSO

Era minha festa de formatura do Ensino Médio, e deveria ser o dia mais feliz de minha vida escolar. De pé na varanda do quintal dos meus pais, vendo todo mundo conversar, rir e fofocar sobre o fim do ano, comecei a sentir um nó no estômago. *É isso? Esse é o ponto alto da minha vida? Como as coisas podem ter dado tão errado?*

Eu tinha sido uma boa aluna e era responsável. Entreguei todos os trabalhos no prazo, estudei para as provas e me esforcei para ser bem-sucedida academicamente. Tudo o que eu sonhava era ser uma enfermeira. Desde criança, eu cuidava dos meus animais de pelúcia e de suas doenças variadas, imaginando o dia em que eu poderia fazer aquilo de verdade. Embora eu não fosse a melhor aluna da classe, e sem dúvida tivesse algumas dificuldades, eu me dava bem na escola e me mantinha no caminho certo para realizar meu sonho.

As coisas começaram a ficar complicadas no Ensino Médio. Minhas notas caíram, especialmente em matemática, e eu tinha dificuldade até em acompanhar as aulas de recuperação. Eu ainda queria muito ser enfermeira e me inscrevia em qualquer aula disponível que tivesse alguma coisa a ver com medicina. Consegui uma vaga de voluntária no hospital local, trabalhando na loja de presentes e fazendo entregas. Toda vez que eu vestia meu avental de voluntária, eu me lembrava de que estava um passo mais perto de realizar meu sonho. Eu me esforçava cada vez mais na escola, estudando matemática antes da aula e durante os intervalos. E, então, recebi uma notícia ótima — tinha me qualificado para o programa de estágio da escola no hospital. Eu poderia passar duas horas por dia do meu último ano seguindo médicos e enfermeiros, e interagindo com pacientes.

Em meu primeiro dia da ronda, acompanhei um médico na unidade de oncologia. Ele era bem quieto. Eu estava me sentindo meio desconfortável com as roupas formais que os estagiários usavam, envergonhada do barulho que meus saltos faziam no corredor. Nós entramos no primeiro quarto, e o médico começou a consulta. Conversar com o paciente, trocar os curativos, verificar sinais de infecção em um ferimento... foi demais para mim. Minha cabeça começou a girar. Pedi licença, dizendo que estava me sentindo um pouco mal, o que todos compreenderam.

Na verdade, eu estava com medo. Muito, muito medo. Porque, enquanto meus amigos estavam aproveitando o último ano da escola, sentados no intervalo de moletom, conversando sobre festas, eu estava ali, com meu vestido desconfortável e saltos incômodos, perseguindo uma carreira que achava que queria e que, de repente, percebi que não queria. Era compromisso demais, cedo demais.

Mas o que nós queremos nem sempre é o que precisamos.

Eu larguei o estágio no dia seguinte, para a surpresa dos meus pais, professores, orientador vocacional e amigos. Preferi mentir, e disse para todo mundo que não tinha aguentado ver sangue, que não achava a enfermagem uma boa ideia para mim. Na verdade, eu estava com muito medo do futuro. A formatura estava se aproximando, meus amigos já tinham escolhido suas faculdades, e eu não tinha ideia do que fazer. Tudo para que eu havia treinado e me preparado desaparecera, e eu não sabia qual seria meu próximo passo, mas não podia continuar como voluntária no hospital, então pedi demissão. Aquilo era só um lembrete do meu fracasso em correr atrás de meu principal objetivo.

Comecei a hesitar.

Sem objetivo e sem direção, eu perdi minha motivação. Parei de entregar os trabalhos, enrolava, comecei a matar aula. Parei de sair com meus amigos, pensando que, já que eles iam me abandonar pela faculdade no ano seguinte, era mais fácil que eu os largasse primeiro. Eu estava péssima e passava noites trancada no armário, embolada nas roupas, desejando que o fundo do guarda-roupa me levasse a outro mundo. Todo mundo estava ansioso pelas novidades em suas vidas, e eu me sentia mais presa que nunca. Eu também dormia sempre que tinha chance. Havia algo em estar inconsciente que me reconfortava, como se eu pudesse simplesmente desligar meu cérebro por um tempo.

O terrível dia da formatura chegou, e, ao pôr do sol, todos jogaram seus capelos para o alto. Olhando a bagunça e os capelos voando, secretamente ergui os olhos para o céu e desejei que ele me sugasse.

A vida depois da formatura foi difícil. Meus amigos passaram as férias fazendo as malas e escolhendo móveis para seus dormitórios da faculdade, e eu me distanciei ainda mais. Eu passava muito tempo no quarto e não conseguia pensar no futuro mais que alguns dias à frente. O sono começou a ocupar cada vez mais meu tempo, o que preocupava meus pais — nunca fui das mais dorminhocas, e de repente dormir era a única coisa que eu queria fazer.

Os dias passaram, meus amigos atravessaram o país a caminho da faculdade, e eu me matriculei em uma universidade local. Continuei morando na casa da minha família. A única mudança entre o Ensino Médio e o superior era que eu tinha mais tempo para dormir entre as aulas. Eu não estava tentando aprender de verdade. Só o fato de levantar da cama já era uma agonia. Meus estudos não eram uma prioridade — para que me esforçar se eu não sabia o que queria fazer? Eu odiava todas as aulas e odiava os trabalhos. Não conseguia fazer amigos. Minha vida estava desmoronando, e foi então que comecei a usar um mecanismo de defesa nada saudável — eu me cortava.

Automutilação era uma coisa que eu fazia às vezes no colégio para lidar com meus sentimentos. Eu não conseguia falar com ninguém sobre o que sentia, mas gostava da ideia de me "punir" por não fazer as coisas direito. Então eu me cortava. Sempre mantive isso em segredo. Era algo que eu fazia raramente, mas na faculdade isso começou a acontecer com mais frequência.

Em uma noite terrível de dezembro, eu não conseguia mais ver motivos para continuar. Eu era um fracasso por ter desistido do plano de virar enfermeira. Todos os meus amigos tinham vidas novas e maravilhosas, e ninguém falava mais comigo. Eu dormia o tempo todo, odiava a faculdade e estava 100% péssima. Então me tranquei no armário de novo e comecei a me cortar *de verdade*. Antes que eu me desse conta, meus braços estavam cobertos de sangue. Sentada ali, sangrando, me lembro de pensar: *É isso. Sou completamente, desesperadamente, totalmente maluca.*

Não dava para esconder aquilo. Eu tinha de pedir ajuda.

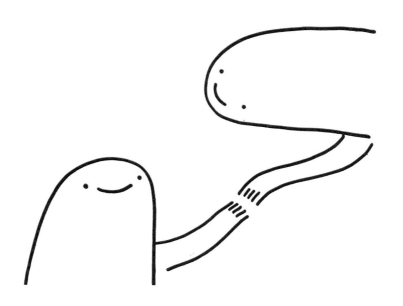

Pedir ajuda é uma das coisas mais difíceis que você ou qualquer pessoa pode fazer.

Para pedir ajuda, você precisa ficar vulnerável e parecer menos forte do que você gostaria que outras pessoas pensassem que é. Significa deixar alguém entrar em seu mundo e permitir que ela veja o quão complicado você é. Basicamente, é uma merda e nada divertido.

Na primeira vez que eu realmente tentei pedir ajuda, estava no primeiro ano do Ensino Médio, nervosa e assustada. Tinha sido difícil me ajustar ao colégio. As tarefas eram um desafio; eu tentava me acostumar aos novos colegas e, bem, a ser uma adolescente. Mas, sinceramente, eu estava triste. Muito triste. Queria não me sentir mal o tempo todo e que as coisas fossem diferentes. Então decidi fazer o que todo mundo diz que você deve fazer: pedir ajuda.

Fui até o escritório do pedagogo da escola.

— Acho que preciso de ajuda — falei.

— Com o quê? — perguntou a secretária.

— Bem, eu me sinto mal o tempo todo. Estou triste, muito chateada.

— Ah. — Ela me olhou meio irritada. — Bem, a gente não pode ajudá-la com isso. Nós damos aconselhamento acadêmico, ajudamos os alunos a escolher aulas e resolver problemas de horário. Se você está tendo problemas emocionais, é melhor falar com seus pais. — E me olhou como se eu a estivesse ocupando à toa. Então fui embora.

Não falei com mais ninguém.

Qual o sentido de pedir ajuda se era para ser ignorada? Por mais incríveis que fossem meus pais, e se eles achassem que não tinha nada de errado, que eu só estava exagerando? E se eles me julgassem, como a secretária? Esses pensamentos giravam em minha mente sem parar. Eu não sabia o que fazer, então... não fiz nada.

Isso realmente reforçou o incrível processo de Engula o Choro e Finja Que Tudo Está Ótimo, Porque Dividir Seus Sentimentos Aparentemente É Algo Ruim. Eu achei que atrapalhava todo mundo quando tinha qualquer tipo de problema. Então decidi não ter problema algum — decidi ser perfeita. Eu me joguei totalmente na vida. Fiz tudo o que pude para me distrair do quanto me sentia péssima. Alguns dias eram toleráveis, alguns eram até bons. Mas não podia me livrar do que estava sentindo. E, quanto mais eu ignorava, mais profundo meu sofrimento ficava.

O que acabou me levando a ficar sentada no fundo do armário com os braços sangrando, absolutamente convencida de que eu era a pessoa mais louca que já pôs os pés na face da Terra.

De alguma forma, naquele momento, uma lâmpada se acendeu em minha cabeça. Eu tinha pais. Eles não eram pessoas do colégio, estranhos. Eu podia falar com eles. Quantas vezes eles já tinham me dito: "Se tiver alguma coisa errada, fale com a gente"? Com certeza ficar sentada no armário, coberta de sangue, era algo errado.

Eu me levantei e fui para o quarto de meus pais. Sabia que eles estavam dormindo e que odiavam ser acordados, mas entrei mesmo assim.

— Mãe? Pai?

— Hmmm?

— Eu preciso de ajuda.

— Com o quê?

— Bem... com tudo.

Meu pai acendeu a luz, e eles olharam para meus braços, depois para meu rosto. Algo fundamental mudou entre nós. Eles sabiam que eu estava triste, que não estava me adaptando bem à faculdade, mas, pela primeira vez, entenderam profunda e verdadeiramente o quão difícil era minha existência.

Minha mãe me levou para o banheiro e limpou meus braços. Meu pai tirou todos os objetos cortantes da casa, até pinças. Os cortes não eram profundos para precisar de pontos, mas meus braços tiveram de ficar enfaixados por um tempo. Eu me enfiei na cama com minha mãe e me deixei ser abraçada, de repente me sentindo muito pequena, à beira de ser engolida pelo mundo.

Meu pai ficou acordado a noite toda, pesquisando tudo o que podia sobre depressão.

E um novo capítulo começou em minha vida, em nossas vidas: pedindo ajuda.

Eu gostaria de poder dizer que pedi ajuda e que imediatamente tudo ficou 100% perfeito, que eu, de repente, sabia o que queria fazer da vida, e que a vida se transformou em um completo sonho. Mas não é assim que funciona. Conseguir ajuda é um processo por si só, não exatamente perfeito, e o progresso é lento e nunca muito certeiro.

Começamos pelas mudanças pequenas, porém significativas: avisar aos pais se você estiver se sentindo triste de novo. Fazer terapia. Passar mais tempo com a família. Brincar com um cachorro ou gato de vez em quando. As coisas ficaram um pouco melhores, mas não totalmente perfeitas. Eu me matriculei em menos aulas na faculdade, o que diminuiu a pressão acadêmica. Quando meus amigos

ligavam ou mandavam mensagens, eu me esforçava para responder, e amizades que tinham ficado estremecidas ganharam força. Passei a conversar com meus pais quando as coisas ficavam ruins. Aos poucos, essas mudanças surtiram efeito, e, embora as coisas ainda não fossem como imaginava, eu vivia de novo.

Minha depressão foi e voltou nos anos seguintes. Alguns momentos eram toleráveis, alguns períodos, muito sofridos, e alguns momentos, verdadeiramente legais. Consultei uma infinidade de terapeutas, fiz várias aulas, descobri que gostava de desenhar. Ainda tinha dificuldades, tanto com a

As coisas não são sempre perfeitas, mas estou aqui.

Eu estou melhor.

Eu sou eu.

TUDO BEM SE VOCÊ SE SENTE COMO SE ESTIVESSE COBERTO DE MILHARES DE PEDACINHOS DE PAPEL QUE NÃO COMBINAM DIREITO

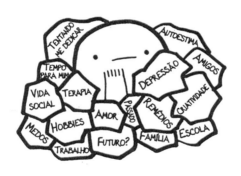

VOCÊ VAI ACHAR UM JEITO DE FAZÊ-LOS FUNCIONAR, MESMO QUE NÃO FIQUE TUDO PERFEITO E BONITO

depressão quanto com a automutilação, mas conseguia me manter à tona. Às vezes as coisas pareciam tristes e péssimas, mas eu ainda estava viva. E continuei assim.

E, às vezes, continuar como estamos é só o que podemos esperar — a sensação de permanecer à tona. Quando as coisas ficam muito ruins, continuar à tona parece incrível. Às vezes é justo comemorar apenas o fato de estar vivo, porque isso é uma conquista. Alguns dias sigo com minha rotina, tipo, andando por uma loja, e penso: *Como consegui colar todos os meus pedacinhos partidos e funcionar como uma pessoa normal hoje?*

É um mistério, acho, mas, às vezes, é melhor que alguns não sejam resolvidos.

Embora pedir ajuda possa mudar sua vida, muitas vezes parece ser só metade da batalha. Falar com alguém que você não conhece? Sobre SEUS problemas? Argh. Não importa se é sua primeira ou décima vez, a ideia de falar com outra pessoa sobre as partes mais difíceis e horríveis da sua vida é complicado. Aqui vão algumas sugestões que podem ajudar.

Leve alguém. Se a ideia de falar sozinho com um desconhecido sobre seus sentimentos é assustadora demais, levar uma pessoa em quem você confia pode ajudar muito. Esse amigo também pode defender você ou dar uma perspectiva externa de como está indo. No passado, quando eu precisava ir a um médico, terapeuta ou psiquiatra pela primeira vez, eu, às vezes, levava um de meus pais, porque fico nervosa e acabo me esquecendo das coisas de que quero falar. Essa pessoa pode lembrar do que você quer abordar na consulta se algo escapar. Também ajuda saber que você tem alguém em quem já confia a seu lado enquanto tenta estabelecer uma nova relação de confiança.

Não mostre todas as suas cartas. Acredite ou não, você não precisa contar a um terapeuta tudo sobre si mesmo na primeira vez. Não tem problema ir experimentando para ver como eles respondem a questões menores ou problemas pontuais. Não se sinta obrigado a mergulhar em seus sentimentos de primeira, também — respeite o próprio ritmo. Se você se sentir confortável contando coisas menores, vai ser mais fácil dividir as questões mais profundas no futuro. Construir uma relação leva tempo, e você pode demorar o quanto precisar. Não tem problema algum.

Marque diferentes consultas. Não é errado assumir que você e seu terapeuta não combinam. Se você estivesse em um encontro ruim, ou não gostasse de alguém depois de alguns programas, provavelmente não continuaria saindo com essa pessoa. Você pode pensar em profissionais da saúde da mesma forma. Se você realmente acha que a pessoa com quem está se tratando não entende seus problemas, quem você é, no que você precisa melhorar, ou, mais importante, *você*, não precisa voltar a vê-la. Já tive uma terapeuta com quem não me dava bem, porque parecíamos discordar basicamente em tudo em relação a minha melhora. Eu continuava indo às sessões porque estava convencida de que *eu* era o problema, e foi só depois que ela parou de me atender que percebi como, talvez, os problemas em meu progresso não viessem só de mim.

Ninguém é perfeito. Assim como com qualquer outra pessoa em sua vida, você também vai discordar de seu terapeuta em algumas questões. Todo mundo discute com a família ou amigos, e, sim, isso pode acontecer com seu terapeuta também. É normal, não tem problema. É bom ouvir o que ele tem a dizer, mas também é bom defender o que é melhor para você. Contanto que vocês se respeitem e entendam os argumentos do outro, tudo vai ficar bem. Há uma diferença entre ficar irritada com seu terapeuta (como quando a minha disse que eu não tinha carisma o suficiente para participar das Spice Girls) e querer terminar por um motivo importante (como a vez em que só fui a uma única consulta com uma terapeuta que ficou me interrompendo toda hora, não ouvindo uma palavra do que eu disse).

Defenda-se. Se realmente acha que as coisas não estão boas, ou que o terapeuta ou médico não está ouvindo ou respeitando você, mude. Terapia pode ser difícil, mas não deve parecer uma punição enorme toda vez que você deitar no divã. Um bom terapeuta vai ouvir suas preocupações e entender por que algo não está funcionando em seu caso. Fui a uma terapeuta por um tempo e sentia que não estava progredindo, então falei isso. Ela entendeu minhas questões e ajustou a forma como trabalhava nossas sessões.

Novamente: como o terapeuta é o profissional ali, às vezes você sente como se não pudesse questioná-lo ou ao que ele está fazendo. Mas, considerando que você só vê seu terapeuta por curtos períodos, não tem problema querer aproveitar ao máximo o tempo que você tem e querer se tratar com alguém que vai respeitar seus sentimentos.

Terapia não precisa durar para sempre. Parece que existe essa ideia de que, se você tem problemas, um distúrbio psicológico ou algo assim, você vai precisar de terapia pelo resto da vida, para sempre, sem fiança. Mas a terapia é só mais uma ferramenta que algumas pessoas acham útil no processo de aprimoramento pessoal. Não é para todo mundo, mas para alguns é essencial. Em algumas ocasiões, achei extremamente reconfortante e útil, e, em outras, ficava feliz por não ter de ir. É uma escolha pessoal, e, a não ser que seja obrigado por um juiz a frequentar as sessões ou esteja em um programa hospitalar, ninguém pode obrigar você. Não precisa parecer uma prisão perpétua — com sorte, vai ser algo que deixa sua vida um pouco mais fácil. O importante é que *você* escolha o próprio caminho.

Não tem problema se as coisas não melhorarem do dia para a noite. Às vezes, mudar leva tempo. Você vale o investimento.

Eu sentei em uma sala e preenchi vários formulários sobre mim mesma.

É, você é bipolar.

Bem, não era o resultado que eu queria, mas resolvi enfrentar de cabeça erguida.

Isso significava...

Remédios

Terapia

Terapia em grupo

E, apesar de todos os meus esforços, eu estava perdendo o controle.

Meu humor vivia uma montanha-russa.

Os remédios não ajudavam.

Terapia parecia impossível.

E terapia em grupo não estava dando certo para mim.

Eu estava cansada, não estava funcionando, e a essa altura já tinha investido um ano e meio nesse diagnóstico de bipolar e estava fazendo zero progresso, em especial com os remédios.

Eu estava no fim da linha.

Voltei para minha médica principal em quem eu confiava, e ela sugeriu que eu parasse de tomar os remédios e visse como meu corpo e mente reagiam. Ela sugeriu um plano cuidadoso para fazer isso, e recomendou que eu passasse por uma reavaliação dali a um tempo.

No início, não percebi nada.

Mas, aos poucos, era como se estivesse saindo de uma hibernação.

Comecei a me interessar por coisas simples de novo.

Esses pequenos sinais foram se acumulando e me permitindo funcionar de novo.

Continuei me consultando com minha médica, e nós duas concordamos que eu parecia progredir.

Estava com uma perspectiva mais positiva também.

O tempo passou e começamos a discutir qual poderia ser o problema maior.

Seu humor está bem mais estável mas você ainda está triste — provavelmente é só a depressão somada à ansiedade.

Isso fazia muito mais sentido para mim e criamos um plano de tratamento apropriado.

Às vezes parece que distúrbios psicológicos são uma competição,

como se seus sintomas precisassem ficar "ruins" o suficiente para que as pessoas te levem a sério.

E, quando as pessoas lembram que "tem gente em situação pior", pode ser tão desesperador.

Quando comparamos nossas dificuldades com as dos outros, isso impede que a gente se compreenda e se apoie.

Isso fecha a porta para conexões com pessoas que poderiam nos ajudar a ficar melhor, ou pode até piorar as coisas quando nos tornamos incontrolavelmente competitivos.

Só porque uma pessoa passou por problemas de forma diferente, não significa que você ou ela sejam melhores ou piores que os outros.

Vocês só tiveram experiências diferentes, e tudo bem.

Nós aprendemos tanto um do outro.

Todas as nossas experiências são reais e válidas.

Quanto mais estamos
nessa juntos...

mais melhoramos juntos.

Muitas pessoas me perguntam...

O QUE VOCÊ FAZ?

Quando estou numa época ruim com a depressão ou com a ansiedade, é comum que eu reaja de forma péssima. Estou longe de ser perfeita, mas aqui estão algumas coisas que fazem eu me sentir um pouco melhor.

MAPEIE

Gosto de escolher um espaço amplo, como um shopping, uma loja de departamentos ou um aeroporto e "andar" pelo lugar em minha mente. Fico tão entretida com os detalhes (como onde fica uma porta) que isso me acalma um pouco. Funciona muito bem antes de dormir.

LISTAS

Fatos inúteis podem ser muito úteis! Você consegue se lembrar dos últimos ganhadores de um prêmio de interpretação, ou que times venceram algum torneio esportivo? Liste esses fatos em sua mente, se envolva nisso, e os sentimentos assustadores vão ficar em segundo plano.

ABRA SEU CORAÇÃO

Se meu coração está batendo acelerado e fora de controle, coloco a mão no peito e sinto a velocidade. Isso me encoraja a acalmar minha respiração e retomar o controle. Se eu tive um ataque de pânico ESPECIALMENTE ruim, minha mãe me faz respirar com ela, o que também me ajuda a respirar mais devagar. Um parceiro de confiança pode ser muito útil!

DISTRAÇÃO

Tudo bem tirar uma folguinha! Assista à TV, leia, caminhe — mesmo um pouco de descontração pode ajudar muito.

9

— Pense positivo, SEJA positiva!
— Já tentou fazer ioga?
— Felicidade é uma escolha!
— Juro, se você só comesse melhor, já estaria se sentindo ótima.
— Ah, e ioga! Tente ioga!

Se você sofre de algum distúrbio mental, é bem provável que alguém já tenha tentado dar algumas dicas. Por algum motivo, existem pessoas nesse mundo que, quando percebem que você está um pouco triste ou ansioso, acham que

"FELICIDADE É UMA ESCOLHA"

Essa é uma daquelas frases que me deixam louca,

porque depressão NÃO É uma escolha — eu não acordo de manhã e ativamente decido ficar triste.

Pessoas que estão deprimidas definitivamente não querem estar assim e estão se esforçando para se sentir melhor.

Elas, com certeza, estão tentando ser felizes.

Pensar que a felicidade é algo que você poderia comprar no mercado, como leite, é destruidor.
Isso sem falar que não é nada saudável.

Se alguém está deprimido e você quer dar forças para essa pessoa, diga que ela está fazendo um bom trabalho, estando feliz ou triste.
Esse tipo de encorajamento é uma boa escolha.

podem se meter na sua vida para dizer o que fazer. Isso, é claro, é muito exaustivo e irritante.

Algumas pessoas que não estão deprimidas ou chateadas acham que, se ao menos você se esforçasse o bastante, poderia resolver ficar feliz. Lamento dizer, mas as coisas não funcionam assim. E, quando você já ouviu o discurso de "só seja positivo!" pela centésima vez, já está a ponto de bater na pessoa com um *mat* de ioga ou enfiar folhas de couve goela abaixo só para fazê-la calar a boca.

O sentido tradicional da palavra "positividade" é manter bons pensamentos — o que realmente ajuda muita gente, mas para outras pode parecer assustador, um desafio imenso. No fim, positividade é um conceito "positivo", pois pode

ajudar você a se manter centrado e concentrado no que importa. Essa é a questão com a positividade: duas pessoas sempre vão ter definições diferentes, e só você pode criar a própria ideia do que é ser positivo e do que funciona para si mesmo. É um conceito diferente e pessoal que cabe a cada um de nós definir. Não pode forçar mais ninguém a pensar como você, e vice-versa.

CONSELHOS MÉDICOS NÃO SOLICITADOS EM FORMA DE LIVROS

E, talvez, algumas coisas que funcionem para você não caibam exatamente na ideia preconcebida de "melhorar". Talvez uma boa tigela de cereal anime você, ou talvez prefira trocar o *mat* de ioga por uma corrida bem intensa. Descobrir o que ajuda você a se sentir melhor torna o dia a dia mais fácil. É importante, ótimo, e só você pode saber o que é.

O que torna tudo bem especial, né?

Amor-próprio pode ser um dos tipos de amor mais difíceis de praticar, porque exige que você veja valor e importância em si mesmo. Mas isso é acompanhado de vários padrões e contradições sociais, que, no fim, podem acabar pressionando muito você a *ser* uma certa versão de si mesmo.

De um lado, existem os padrões tradicionais e "perfeitos" — ter um corpo incrível, cabelo bonito, bons dentes, roupas maneiras. É a pressão corporal básica, as regras que você sabe que jamais vai conseguir seguir. Mas, por outro lado, existe o movimento do *body positive*, que pode fazer tanta pressão quanto — você precisa se amar *não importa o quê*, fazer o que quiser *não importa o quê*, aceitar quem você é *não importa o quê*. Mas... e se você não achar que fica em nenhum dos dois lados? E se você só está... ali?

Para ser sincera, sempre lutei com meu peso. Sempre fui meio gordinha, mas isso nunca me incomodou. Eu tinha problemas com meu corpo, como todo mundo no colégio, mas, por causa da depressão, comecei a comer demais. E não estou falando de comer um pouco mais do que deveria — eu estava usando a comida como um mecanismo de defesa contra os problemas, comendo sem parar mesmo quando já me sentia mal. Engordei demais, mas não percebia nem ligava muito. Só precisava comprar roupas um tamanho maior nas lojas.

Mas meu corpo começou a perceber e a ligar. O simples fato de subir as escadas de casa era um desafio. Minhas pernas doíam, eu me sentia cansada o tempo todo, tinha dores de cabeça. Muitas vezes sofria de dores no peito e enjoos, que me faziam despertar de noite. Depois de semanas acordando de um pulo, apertando o peito e gritando de dor, meus pais me levaram ao pronto-socorro. Os médicos fizeram vários exames cardíacos, mas não havia nada de errado. Porém, eles ficaram preocupados com meu peso. Ouvi muitas perguntas sobre minha dieta e, pela primeira vez, eu me dei conta de que o problema ia além de comer demais.

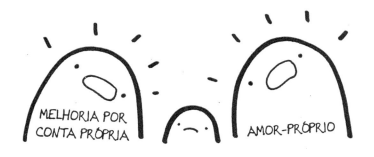

Eu estava deprimida e usando a comida para lidar com os problemas, o que só piorava as coisas. Eu precisava mudar — não por causa da pressão social, não porque eu não conseguia me amar, mas porque, se não fizesse isso, só ia me machucar ainda mais.

Minha médica me ajudou a traçar um plano. Preparar refeições equilibradas, fazer exercícios leves e não comer quando estivesse deprimida eram meus objetivos iniciais. E foi difícil. Comecei andando pelo quarteirão, mas nunca me afastava muito. As refeições não ocupavam mais

Eu não gosto de espelhos.

Só vejo uma grande bagunça.

Mas meu maior medo...

é que isso seja tudo o que os outros vejam também.

"EU ODEIO TANTO MINHA CARA"

O QUE AS PESSOAS ACHAM QUE QUERO DIZER

Ah, eu sei que eu sou bonita, mas você pode, sei lá, me elogiar?

O QUE REALMENTE QUERO DIZER

Eu literalmente me recusei a sair de casa porque me sinto muito desconfortável com minha aparência.

pratos enormes. Mas é gostoso fazer alguma coisa para melhorar minha situação em vez de só ir dormir de novo. Quando a primavera chegou, tirei minha antiga bicicleta da garagem e comecei a pedalar por aí. Era um horror, como se cada músculo do corpo estivesse brigando comigo, mas eu gostava de sair de casa e ver o que acontecia na cidade. Comecei a fazer caminhadas quando estava triste em vez de me voltar para a comida. Parei de ingerir tanto açúcar e frituras, também, porque isso tornava o ciclismo mais difícil. Devagar, bem devagar, comecei a sentir meu progresso. Na consulta seguinte, meu peso não era mais considerado acima do recomendado. As dores no peito também haviam parado.

O único problema é que eu ainda odiava minha aparência. Não importava o peso que tinha perdido, eu ainda encontrava formas de ser horrível comigo mesma por como eu parecia. *Sua barriga continua gigante, esconde isso. Coloque uma camiseta bem larga. Seus quadris são enormes, melhor escondê-los. Sua cara está péssima hoje.*

Minha aparência física tinha mudado, mas por dentro eu ainda era a mesma — insegura, desesperada por aceitação. Havia o medo constante de *E se eu engordar tudo de novo e ficar triste e deprimida de novo?*

De fato, é impossível ter o mesmo peso sempre. Não é assim que nossos corpos funcionam. Flutuações de peso são normais em seres humanos, para mais e para menos. Aprender a aceitar isso e continuar a *querer* cuidar de si mesmo é o desafio de verdade, e é mais difícil que qualquer ladeira que eu já tenha subido. Significa que eu valho o investimento de cuidado e carinho.

A questão é: não importa qual escolha você fez para o seu corpo, mesmo que seja a melhor e mais correta decisão para você, sua escolha vai ser criticada. Vai ser julgada e analisada e virar objeto da opinião de alguém. Vai ser avaliada e considerada não só por outras pessoas, mas por você também. E essa é uma realidade difícil de aceitar.

INFORMAÇÕES IMPORTANTES PARA
SER SAUDÁVEL

É uma escala bem ampla! Saudável significa coisas diferentes para pessoas diferentes, e o importante é descobrir como deixar <u>você</u> saudável.

SAÚDE ≠ PESO

Essas são duas coisas muito distintas. Estar saudável não significa que você precise ter um certo peso ou atingir um patamar específico de gordura. É sobre cuidar de si mesmo de forma que você se sinta bem de novo, física e mentalmente.

Se alguém quer forçá-lo a se exercitar, provavelmente você não vai querer fazer exercício. Essa é uma escolha pessoal.

(EXERCÍCIO) É NÃO (TORTURA)

Muita gente age como se o único exercício que "contasse" fosse corrida. Há tantas outras coisas que você pode fazer para se exercitar, como caminhar, se alongar, ou qualquer coisa inspiradora. É sua decisão!

COMO EU ME VISTO

Pernas, hum. Melhor cobrir...

Barriga aparecendo? Vou esconder.

Eu também acho meus braços e peitos e costas estranhos e...

Um bloco de censura ambulante?

PERFEITO!

Todo mundo já cortou o cabelo e odiou.

Ou vestiu umas roupas de que se arrependeu.

A pior parte é saber que alguém vai comentar com certeza.

O importante aqui é MENTIR.

Responda como se você soubesse exatamente o que está fazendo — confiança deixa as pessoas confusas!

Está na moda!

Aí você pode ir para casa e se esconder embaixo de quantos cobertores quiser.

Alguém sempre vai se meter em sua vida achando que sabe o que é bom para você.

Alguém sempre vai fazer algum comentário sobre seu peso e vai ser péssimo.

Alguém sempre vai comparar você com outras pessoas.

Alguém sempre vai te criticar.

Às vezes esse alguém vai ser você.

O importante é saber que você está progredindo. Reconhecer esse progresso, mesmo quando é algo pequeno — tipo, ridiculamente mínimo, como *Eu não comi demais quando estava chateada* ou *Bosta, VOU usar essa legging hoje* —, é uma vitória.

Às vezes a gente se prende à ideia de que amor-próprio é achar que somos incríveis 100% do tempo. Muitas vezes são coisas bem menos impressionantes, como tratar a si mesmo com respeito ou impedir nosso cérebro de se atacar. Em um mundo em que somos ensinados a seguir um outro tipo de perfeição, ver beleza, às vezes na imperfeição, é o melhor a fazer.

PRÊMIOS CORPORAIS

Embora a internet possa ser péssima, às vezes ela cria amizades nos lugares mais improváveis.

Minha amiga Elisabeth é da Áustria, e, olhando superficialmente, nós temos vidas bem diferentes. Ela mora em Viena e trabalha com pesquisa agrícola, viaja regularmente pela Europa e fala várias línguas. Enquanto isso, moro no Meio-Oeste dos Estados Unidos, faço desenhos e meu inglês — que é a única língua que falo — às vezes é questionável até na melhor das hipóteses.

Ainda assim, somos unidas pelo amor profundo pelo concurso musical Eurovision.

Para quem não conhece, o Eurovision foi criado depois da Segunda Guerra Mundial como uma forma de unir, pelo poder da música, um continente destruído. O que começou como um evento muito chique, mais tarde se tornou uma celebração de três noites cheias de glitter, máquinas de efeito especial, pirotecnias e música *dance*. Embora o concurso muitas vezes seja considerado brega, me apaixonei rapidamente por ele depois que minha prima se mudou para o exterior.

— Só dê uma olhada! — implorava ela.

Quando assisti pela primeira vez, não consegui largar. Percebi que me identifico com as massas que amam esportes, torcendo por suas apostas, olhos grudados na TV. Só que meu esporte envolve paetês e música pop.

A única coisa ruim de adorar o Eurovision é a falta de popularidade do concurso nos Estados Unidos. Quando minha obsessão começou, a competição nem era transmitida, então eu não tinha com quem conversar sobre o assunto. Ainda bem que a internet resolveu esse problema e me apresentou a Elisabeth. Eu postei alguns desenhos depois do Eurovision, e ela me mandou uma mensagem casual sobre a competição. Estava tão animada quanto eu por encontrar alguém com quem conversar sobre o concurso, e o que começou com pequenos comentários sobre nossas músicas favoritas, logo deu lugar a longos parágrafos sobre

o assunto. Daí as conversas mudaram de "Será que a República Tcheca volta para a competição?" para "Como é estudar em Viena?". O legal de conversar com alguém que mora a milhares de quilômetros de distância é que, de repente, sua vida cotidiana sem graça se torna muito interessante para alguém. Enquanto eu estava fascinada para saber mais sobre a vida dela na Europa, Elisabeth estava igualmente curiosa sobre a minha nos Estados Unidos. Acabamos trocando endereços, cartões-postais, presentes de Natal e, enfim, viramos amigas.

Amizades on-line são diferentes, porque amigos da internet não estão envolvidos em sua vida cotidiana. Eles veem pequenos pedaços dela, e você pode decidir quais partes quer mostrar, o que tira um pouco da pressão inicialmente, mas eu acabei aprendendo que, assim como com as amizades

Eu me preocupo MUITO com a maneira como as outras pessoas me veem.

Tipo, ai, Deus, se eu gosto de coisas e as outras pessoas não gostam tanto dessas coisas quanto eu, será que isso significa que elas não gostam de MIM?

Então, quanto mais eu gosto das coisas, mais prefiro mantê-las escondidas.

Me deixa meio tonta ficar constantemente calculando o quanto compartilhar sobre as coisas que eu gosto sem me expor demais.

Mas, quando me sinto confortável em deixar as pessoas me conhecerem de verdade,

é pura magia,

e vale muito a pena!

presenciais, é legal mostrar fraqueza às vezes, e fazer isso pode tornar a relação mais profunda.

Após minha pior época com a depressão, escrevi um pouco sobre a situação na internet. E, em mais ou menos uma semana, recebi um pacote de Elisabeth. Ela queria me alegrar e mandou vários recortes de jornal sobre nossas estrelas favoritas do Eurovision, uns chocolates e um recado. Chorei de verdade porque ninguém jamais havia me mandado alguma coisa só porque estava pensando em mim! Foi uma forma totalmente diferente de pensar em uma amiga.

Douze points significa "doze pontos" em francês, que é a maior nota que uma música pode alcançar no Eurovision. Eu daria a nossa amizade *douze points* com certeza.

Embora estejamos separadas por um oceano, um continente e as montanhas da Áustria ocidental (sei tudo de geografia europeia agora), sinto que Elisabeth é minha amiga de verdade. É ótimo ter alguém no e-mail só para conversar sobre esse concurso musical bobo que a gente tanto ama. E, embora todo ano um novo grupo de pessoas suba no palco para disputar com batidas de música eletrônica e efeitos especiais estranhos, é legal que eu continue mantendo contato com alguém do outro lado do mundo. Mais que tudo, é legal saber que uma amiga a milhares de quilômetros acha que sou uma pessoa bacana.

Recentemente fui convidada para uma festa de formatura da irmã de uma amiga. Foi um evento grande, com mesas cheias de deliciosa comida caseira e muitas risadas. Embora eu tenda a ficar nervosa nessas situações, o sol estava brilhando e eu me sentia mais ou menos tranquila. Ao passar pelos grupos de pessoas conversando na festa, fiquei aliviada de ver que o meu tinha se juntado em uma mesma mesa, incluindo os primos de minha amiga, vindos do Canadá para visitá-la. Eu já tinha encontrado esses primos várias vezes, então estava até bem confortável com eles.

A tarde se transformou em noite, e nossa mesa ficou conhecida como a mesa dos 20, porque éramos todos jovens cercados por adolescentes e adultos. A conversa estava surpreendentemente tranquila, e eu, me divertindo.

Até que alguém mencionou Justin Bieber.

— Ah — falei, olhando para os primos canadenses. — Sempre esqueço que ele é culpa de vocês.

Eu me arrependi daquelas palavras no momento que saíram de minha boca. Não tenho nada contra o cara e, certamente, não tenho nada contra aquelas pessoas, mas a piada escapou ainda assim.

— COMO É? — perguntou um dos primos.

— Ele é um bom menino canadense que foi corrompido! — gritou outra.

— VOCÊS são culpados por Miley Cyrus! — acrescentou o primeiro.

Logo a mesa toda estava aos berros sobre quem tinha criado o quê, garfos de sobremesa apontados como tridentes enquanto acusações sobre Avril Lavigne voavam e queixos caíam com a revelação de que tanto Ryan Gosling *quanto* Ryan Reynolds são canadenses. Por mais divertido que fosse, as tensões adensavam e eu sentia um nó no estômago, tendo destruído as relações diplomáticas entre Estados Unidos e Canadá.

Eu tentei me desculpar, mas meus pedidos de perdão se perderam entre os gritos de alguém que dizia: "E DRAKE?" Felizmente, quando todos estavam prontos para a briga,

ATENÇÃO
COMETI UM ERRO

alguém comentou como é caro sair de casa, e, de repente, nos unimos em torno do fato de que ninguém de nossa idade conseguiria comprar uma casa na América do Norte.

As relações internacionais são tão lindas.

Quando voltei para casa, porém, os ecos das brigas ainda se repetiam em minha mente. *Por que* eu tinha de abrir minha boca grande e fazer aquele comentário? Consegui transformar um jantar ótimo em uma discussão mesquinha e raivosa. Não era como se eu nunca mais fosse ver aquelas pessoas. E se os primos agora me achassem uma babaca? E se me odiassem? E se eles pegassem meu endereço com minha amiga e aparecessem de noite para jogar xarope de bordo em minha janela, embora racionalmente eu soubesse que eles eram bem legais e nunca fariam algo assim?

Existem dois momentos bem distintos quando você faz merda na frente dos outros: o acontecimento real e o desenrolar posterior que só existe na sua cabeça. Quando você fala alguma coisa idiota para alguém, é bem provável que a pessoa nem se importe muito, embora muitas vezes pareça que o mundo está acabando para você. Há uma alta probabilidade de que alguém, algum dia, tenha soltado alguma idiotice em você e depois tentado se desculpar ou acertar as coisas. Quando isso aconteceu, você se lembrava do que a pessoa havia falado?

Provavelmente não.

Mas, quando é com a gente, nosso cérebro simplesmente faz tudo parecer um milhão de vezes pior, nos convencendo de que mesmo que a gente se desculpe e todo mundo fique tranquilo, ainda assim *COMETEMOS UM ERRO*

e precisamos monitorar todo o nosso comportamento posterior para que coisas assim nunca aconteçam de novo. Só que essas coisas vão continuar acontecendo porque somos humanos e é de nossa natureza fazer merda, especialmente em festas ou ocasiões sociais em que muitas interações acontecem ao mesmo tempo. Ainda assim, existe uma diferença entre cometer um erro e ser uma pessoa ruim. Cometer um erro é dizer algo descuidado, vergonhoso ou grosseiro. Ser uma pessoa ruim é quando você propositalmente se esforça para chatear os outros.

As pessoas sabem a diferença entre uma coisa e outra, mesmo quando você acha que não. É provável que amanhã ninguém vá nem se lembrar daquela coisa ridícula que você disse, e certamente não acham que é uma pessoa péssima por isso (especialmente se pedir desculpas).

Para ser sincera, sou tão ruim em conversas e já falei tanta besteira que vou sempre precisar ouvir que sou uma pessoa legal.

Sou o tipo de pessoa que passa muito tempo pensando no passado. Simplesmente não consigo deixar as coisas para lá,

especialmente se eu fiz

alguma coisa
RUIM.

Sabe, "ruim" para mim significa muitas coisas, mas em especial se magoei alguém.

Isso em geral acontece quando:
A) falo alguma coisa errada
B) alguma piada dá errado
C) faço alguma coisa

O lado bom é que fico agonizando sobre isso por toda a eternidade, me perguntando se alguém se lembra do assunto!

Sempre tenho certeza de que todos se lembram e me odeiam e de que isso será manchete de todos os jornais e todo mundo vai achar que sou péssima.

ÚLTIMAS NOTÍCIAS

AQUELA PARADA QUE VOCÊ QUERIA ESQUECER AINDA ESTÁ EM SUA CABEÇA!

PESSOA DEIXOU AMIGO PUTO EM 2009

AÇÃO IMPENSADA AINDA É LEMBRADA

E sabe? Deixar as coisas para lá é difícil mesmo, é um desafio!

Isso porque fico presa entre o passado e o agora — o passado, onde eu talvez tenha feito uma besteira,

e o agora, onde não fiz nada errado.

A parada é escolher ficar no agora — não só porque você mora no agora, mas porque, se você está tão preocupado com comportamentos do passado, é provável que esteja fazendo escolhas diferentes agora.

Tipo

BOAS

escolhas.

Todo dia é uma nova oportunidade de recomeçar com suas escolhas e de ser quem <u>VOCÊ</u> quiser.

O passado pode tentar me pegar de surpresa e me lembrar de que sou péssima,

mas estou escolhendo o agora todas as vezes.

A parte fácil de fazer merda é dizer que você sente muito e ouvir a pessoa responder que está tudo bem. A parte difícil é se perdoar e reconhecer que não tem problema deixar essas pequenas pisadas de bola para lá. Ninguém é perfeito. Se fôssemos perfeitos, não haveria ninguém para discutir sobre os Ryan canadenses, e que tipo de mundo seria esse?

13

THE PASS

O primeiro dia do Ensino Médio é sempre chato, e todo mundo sabe. É a rotina mais mundana de todas, professores repetindo monotonamente o programa do curso, e todo mundo sempre esquece como a hora demora a passar. Pelo menos, depois de tanto tempo me esforçando na escola, eu podia fazer alguma aula divertida no final do último ano. Eu tinha escolhido Apreciação Musical, achando que poderia ser interessante, embora não soubesse bem do que se tratava. No primeiro dia, nosso professor entrou na sala com uma camiseta de uma banda que eu não conhecia. Outro aluno imediatamente começou a conversar com ele sobre aquilo, e os dois pareciam entretidos na discussão, então perguntei sobre a banda, e eles me recomendaram algumas músicas.

Quando cheguei em casa, dei uma olhada em alguns títulos e decidi ouvir alguma coisa. Mas, enquanto passava entre as faixas, o início de uma delas me chamou a atenção, e ao fim da canção meu rosto estava manchado de lágrimas. Isolamento, a sensação de não pertencer, o futuro assustador... A música falava sobre todas as minhas experiências pessoais. Ela se chamava "Subdivisions", da banda Rush, e algo em mim fez sentido. Continuei ouvindo música após música, completamente apaixonada.

Rush era a banda oficial dos esquisitos. Eram ridicularizados pela imprensa *mainstream*, punidos por serem complexos e diferentões demais. Mas encontrei algo em sua música que funcionou para mim. Quanto mais eu lia sobre seus fãs, mais aquele som significava para mim. A banda criava pontos em comum entre gerações de pessoas como eu, que não se encaixavam.

Não sei se era por ser tão boazinha com as pessoas ou porque chorava fácil, mas sempre fui o alvo ideal para bullies. Nunca entendi o que estava fazendo tão errado — só o que queria era fazer parte da comunidade. Era tão insuportável no final do Ensino Fundamental que quase mudei de escola, mas decidi esperar, porque o Ensino Médio estava muito próximo. As coisas tinham que melhorar, certo?

Mais ou menos. Às vezes as pessoas me deixavam em paz. às vezes eu ficava bem mal. Aguentei ser ridicularizada a ponto de chorar em meu aniversário de 16 anos, e lidei com boatos terríveis, mas meu maior desafio era o garoto que sentava a meu lado na aula de ciências. Por que ele me enchia o saco? Porque eu *pegava ônibus*. De longe foi o motivo mais idiota pelo qual já sofri bullying. Mas suas piadas sem fim sobre como eu não tinha carro evoluíram para como minha existência inteira era um erro, e isso me magoava bastante. Meu coração se apertava toda vez que o ônibus estacionava na escola, porque eu sabia que ele me veria. Até pedi ajuda a um professor, mas tudo o que ele me falou foi: "Eu não me envolvo com problema de alunos, ele provavelmente gosta de você." Eu não conseguia escapar do garoto durante a aula, mas estava decidida a escapar do ônibus. Estava disposta a qualquer coisa para tirá-lo de meu pé.

Então comecei a ir de bicicleta para o colégio, embora isso me fizesse acordar muito cedo, pedalar quilômetros e esperar um tempão por intervalos no trânsito a fim de atravessar.

Eu tinha minha bicicleta, meus fones de ouvido e uma seleção de CDs do Rush, o que tornava as manhãs mais suportáveis. Conforme o clima ia esfriando, eu me enrolava em cachecóis e trocava os CDs. Nos dias em que estava muito frio a ponto de precisar ir de ônibus, eu aumentava o volume, determinada a entrar na escola e seguir o dia sem

POR QUE RUSH?

Se você é como meus pais, provavelmente está se perguntando por que uma adolescente se interessaria tanto por uma banda com público-base na meia-idade. Vamos descobrir?

GEDDY LEE baixo, vocais, teclados
Basicamente ele faz tudo, é uma maluquice

ALEX LIFESON guitarra

Conhecido por seus solos incríveis e pelo senso de humor

NEIL PEART bateria, letras

Uma lenda da bateria, igualmente talentoso com palavras

A MÚSICA
Complexa, técnica, inclui uma grande variedade de estilos. Mas, acima de tudo, é interessante, e gostei disso.

A IDEIA
Gostei de ser desafiada pela música, a ler mais e descobrir coisas novas. A banda me fez aprender e explorar além.

AS LETRAS
Muitas músicas sobre mitologia, filosofia, literatura, ciência, natureza humana, comunicação... até robôs. Eu sempre descobria alguma coisa nova enquanto escutava.

OS FÃS
Muitas pessoas que não se encaixavam... e eu combinava direitinho aí.

interrupções. Fones nos ouvidos nas alturas toda vez que entrava na sala de ciências.

E sabe o quê?

Funcionou.

Ele me deixou em paz.

O que era fantástico sobre a música do Rush era que ela me permitia escapar para meu universo particular por um tempinho, livre de me sentir uma fracassada no colégio, livre das perseguições, livre das incertezas. A música me abraçava, e as letras falavam com a tristonha Beth adolescente, além de com lados meus que eu nem sabia existir. Eu não falava muito sobre isso com ninguém. No minuto que você menciona gostar de música de uma geração diferente, imediatamente é amarrada a uma cadeira e forçada a citar três álbuns, dez músicas obscuras e os CPFs dos integrantes da banda. Eu tinha zero interesse em participar desse joguinho, então mantinha minha admiração pelo Rush em segredo. Só queria ser normal, sentir que me encaixava. E, sim, talvez eu estivesse sofrendo bullying, o que dificultava as coisas. Mas talvez me sentir *compreendida* por aquela banda poderia se tornar um substituto aceitável para sensação de me encaixar.

Ser tão completamente compreendida por pessoas que você não conhece pessoalmente é uma sensação muito poderosa. Muitas vezes, através de músicas, livros e filmes, somos relembrados de que nossos sentimentos são universais e de que não estamos sós nessa vida. Todo mundo tem alguma coisa específica que conversa com sua alma, que acalma e acalenta em dias ruins. É incrível sentir essa conexão a distância.

As pessoas gostam de ouvir que o que faz você continuar é a família, os amigos e o futuro. Mas, quando a situação está ruim, as coisas que o sustentam provavelmente não são flores e arco-íris, como todo mundo espera. É mais provável que seja algo pequeno e totalmente insignificante no plano geral. Talvez seja algo que você não pode tocar fisicamente, como um filme, um programa de TV, um livro, uma música; e você sente como se fosse a única coisa impedindo seu desmoronamento. Para mim, foi ouvir "The Pass" mil vezes sem parar, sentindo que *"turn around and walk the razor's edge"* era tudo que me mantinha viva. Qualquer coisa que seja tão importante assim para você é tão vital quanto uma sessão de terapia ou uma conversa com amigos. É como um fio invisível mantendo você conectado ao mundo. E o fato de ter encontrado algo que ajuda você a continuar deveria ser celebrado, não importa o que seja. Porque, quanto mais você insiste, mais coisas começam a se encaixar. Qualquer que seja seu meio, é um pedaço importante do quebra-cabeça para seguir em frente.

Embora eu tenha perdido a oportunidade de ver o Rush em um show ao vivo, consegui fazer alguma coisa relacionada à banda. Um documentário sobre sua turnê final, chamado *Time Stand Still*, ia ser lançado e seria exibido por uma noite nos cinemas. Comprei ingressos imediatamente e fiquei contando os dias até meu primeiro evento sobre a banda.

... mas não eu.

Ops...

O Rush tem fãs superdedicados, e muitos se orgulham da quantidade de vezes que já viram shows da banda

Eu sempre tinha dois grandes problemas: ninguém queria ir comigo

e, depois, minha ansiedade estava tão ruim que parei de ir a shows em geral.

Então quando sua última turnê foi anunciada, em 2015, era isso. Mas eu estava saindo de dois anos de depressão e me sentindo um pouco melhor.

Quer ver o Rush?

Não.

OK, eu não vou sozinha, então não vou mesmo.

Tudo é alto e confuso, e eu estou pirando!

SOCORRO!

Eu simplesmente não estava pronta para algo tão grande de novo.

Por muito tempo fiquei com raiva de mim mesma por ter perdido — jamais conseguiria assistir a um show deles! Era um arrependimento que me matava por dentro.

Mas o arrependimento acabou diminuindo; não fui porque não queria passar por uma experiência desnecessariamente estressante durante um momento difícil.

Eu deveria ter criado coragem e ido mesmo assim!

Argh, por que não fui?

Aff!

Eu cuidei de mim mesma e me permiti melhorar

e isso é legal!

As primeiras vezes que saí foram como o esperado. Medo no dia do evento, pânico durante o evento, náusea, remédios contra ansiedade, muitas, muitas lágrimas...

Por que eu fiz isso, estou péssima!

Todo aquele arrependimento me deu uma motivação. Eu estava cansada de ficar de fora de tudo e perder experiências. Eu queria fazer coisas!

E, quanto mais eu me forçava a ir a pequenos e grandes eventos, mais fácil ficava.

Uma hora eu até estava achando bom!

Isso não é divertido, mas... pelo menos, não estou chorando.

Estou tão feliz por ter feito isso, que máximo!

Como tinha levado tanto tempo para superar minha ansiedade, eu sabia como lidar com ela caso começasse a me sentir mal. Embora me arrependa de não ter visto o Rush ao vivo, não me arrependo de ter cuidado de mim mesma.

E se eles resolverem sair em turnê de novo...

Eu consigo!

Com certeza!

Vou estar pronta.

No dia, cheguei cedo ao cinema e fiquei tão feliz de ver todo mundo com suas camisetas do Rush, pessoas jovens e velhas, homens e mulheres, todos parecendo tão felizes quanto eu por estar ali. Prestei atenção às conversas em volta, e as pessoas no cinema ecoavam meus sentimentos — elas sentiam como se não se encaixassem em lugar algum, mas que *ali* estavam no lugar certo. Até puxei conversa com o casal sentado a meu lado. Quando as luzes se apagaram, o público gritou e comemorou. A tela se acendeu, mas meu sorriso parecia ainda mais radiante.

Porque eu sentia que estava no lugar certo.

Se você sofreu bullying durante a infância e adolescência, pode ser bem difícil superar. As provocações, os insultos e a perseguição são coisas que me assombram até hoje. Quando as pessoas magoaram você por tanto tempo, às vezes é difícil perceber o quanto se progrediu. É complicado estar dividido entre a pessoa que você era quando sofreu bullying e a pessoa que é agora — especialmente quando as duas se cruzam. Às vezes, as outras pessoas não compreendem a dificuldade do bullying, quase como se significasse que "alguém falou alguma coisa maldosa uma vez", em vez do dano generalizado e real que aquilo causa de verdade. Aqui vai um guia rápido do que aprendi por sofrer bullying.

Definitivamente não é culpa sua. Eu achava que todos os motivos pelos quais sofria bullying eram culpa minha. Eu usava óculos, não era descolada, gostava de coisas estranhas. Era mais fácil acreditar que isso era problema meu, não dos bullies. E era ainda mais fácil acreditar que tudo que eles diziam era verdade. Eu me perguntava: *O que eu fiz para eles me odiarem tanto?* Mas eu não tinha feito nada. Eu só existia. E não merecia ser tratada tão mal. Ninguém merece! Ser quem você é, gostar das coisas que gosta... tudo isso é fantástico. E é triste que nem todo mundo possa ver beleza nisso, porque realmente é incrível.

Isso afeta seus relacionamentos futuros. Como o bullying é uma coisa social, realmente afetou minha interação com as pessoas. Se alguém é legal comigo, tenho certeza de que é porque está escondendo alguma coisa e, na verdade, está me provocando. E se alguém faz alguma piadinha boba sobre mim, sempre levo para o lado pessoal. Passei anos convivendo com pessoas que eram legais na frente, mas que falavam mal de mim pelas costas, e isso é algo com o que ainda estou tentando aprender a lidar. Tentar me concentrar em minhas relações é algo que me ajuda demais.

Às vezes as pessoas simplesmente não veem o bullying como sendo grande coisa,

tipo, "ah é passado, alguém falou uma coisa maldosa uma vez".

Mas, quando você é um alvo frequente de coisas horríveis, é muito pior que isso.

Isso pode realmente afetar você, anos depois, e tudo bem aceitar isso.

Não tem nada que diga que você precisa "superar" depois de certo tempo.

TEMPESTADE DE BULLYING

Não importa o que aconteceu, seus sentimentos são reais e válidos.

Você vai progredir de seu jeito, no seu tempo.

Você consegue!

Esses relacionamentos nem precisam ser tradicionais — minha relação com as plantas é ótima, porque elas não dizem coisas escrotas quando não estou por perto. Tudo bem se você tem dificuldade com interações sociais por causa do bullying. As coisas vão melhorar.

"Bullies normalmente sofrem bullying também." Você provavelmente ouviu isso de vários adultos quando era criança. Como se as coisas já não estivessem ruins o suficiente, agora teoricamente você precisa ficar com peninha das pessoas que te magoaram e magicamente começar a ser compreensivo e perdoar. Quem está de fora dessa situação adora inventar coisas para não precisar fazer nada sobre o problema de verdade. Afinal, é mais fácil esquecer e deixar para lá, né? Embora seja bom pensar nas outras pessoas, em uma situação em que você está sendo magoado repetidamente, não tem problema querer se concentrar só em si mesmo e em seus sentimentos. O perdão virá quando você estiver pronto, se é que virá. Isso depende exclusivamente de você.

Desconecte-se e desligue-se do passado. Não seja amigo dessas pessoas nas mídias sociais, não leia suas páginas, blogs, feeds, páginas do cachorro, não importa. Mesmo se as pessoas mudaram, isso só traz lembranças ruins. Quanto menos atenção você lhes der, melhor vai se sentir. Pode ser tentador voltar a grupos on-line ou dar uma olhadinha nas fotos, mas isso só recomeça um ciclo de tristeza. Pode acreditar. Já fiz isso e só serviu para me deixar terrivelmente ansiosa sobre coisas que aconteceram anos antes, me fazendo passar uma noite em claro aos prantos. Não vale a chateação.

Bullies existem em todas as áreas da vida. Mesmo quando se é adulto, algumas pessoas simplesmente gostam de sacanear os outros. Em geral é mais sutil, ofensas disfarçadas de elogios, comentários grosseiros e fofoca. Algumas pessoas gostam de magoar as outras. E com as redes sociais é ainda pior. Todo mundo sempre diz: "Não dê atenção aos trolls", mas é difícil fingir que o comentário horrivelmente grosseiro de alguém não ofendeu. Tudo bem aceitar que aquilo magoa. Às vezes não tem problema em perceber que algumas pessoas são péssimas mesmo!

As coisas ficam mais fáceis. Esse é um daqueles clichês ridículos que não significa nada quando você está passando por algo, mas parece verdade mais tarde. Quando eu era mais nova e estava sofrendo, as pessoas me diziam que um dia não ia importar, que aquilo passaria. Eu achava isso uma piada na época — como pensar no futuro vai ajudar em alguma coisa agora? O que me ajudava a me concentrar e aguentar eram livros, música, amizades e desenhos.

Porém, o que mais ajudou mesmo foi o tempo. Deixar passar o tempo, me afastar das pessoas que me magoaram e me permitir seguir em frente. Agora que estou aqui, a vida nem sempre é como eu imaginei que seria. Pessoas más continuam existindo, no entanto é mais fácil ignorá-las. As pessoas que são bacanas mais que compensam. Eu tenho um grupo próximo de amigos e um trabalho que amo, e não penso nas pessoas que me magoaram o tempo todo.

Para mim, isso é progresso.

SOFRENDO BULLYING!

Assustada com tudo o que digo e faço, com medo de sempre ter um alvo nas costas.

"Eles me sacanearam, então deve ter algo errado *comigo*."

"Vou fazer tudo diferente e esconder tudo com que me importo, nunca mais vou demonstrar emoções."

(TEMPO PASSA)

Conclusão de que não era minha culpa, e sim dos outros, e que tudo bem ser você mesmo.

Acho que um dos conceitos mais difíceis de aceitar para mim é o de que eu sou um ser humano legal. Meu cérebro grita tantas vezes que eu sou o cocô do cavalo do bandido que constantemente fico me julgando por conversas e fracassos do passado. Também preciso de validação constante das pessoas ao redor de que não sou péssima, o que, para ser sincera, acaba pentelhando todos os envolvidos.

Enfiei na cabeça que preciso ser uma boa pessoa, mas meu cérebro me dá tantas definições confusas do que seria uma boa pessoa que quase não faz sentido. *Uma boa pessoa nunca deve dizer ou pensar nada que possa ser ofensivo. Uma boa pessoa precisa ser boa todos os minutos da vida e jamais deixar ninguém triste. Uma boa pessoa nunca deve fazer NADA de ruim.* Embora eu me preocupe com o que as pessoas pensam de mim, as definições de "boa" que persigo são arbitrárias e criadas por minha ansiedade.

Não existem definições concretas do que é uma "boa" pessoa. Isso ao mesmo tempo é frustrante (como ser uma boa pessoa?), mas bom (bem, pelo menos assim eu posso ser boa segundo minhas próprias definições). A questão é que, às vezes, a gente fica tão preocupado em ser legal que nem percebe que já é e que já tem atitudes positivas na vida diária. Você animou um amigo que estava chateado? Mandou uma mensagem engraçada para uma pessoa porque estava pensando nela? Pegou lixo na rua e jogou fora? Sorriu para um cachorro? Todas essas são atitudes positivas que provavelmente fizeram alguém (inclusive o cachorro) feliz. Também é importante se certificar de que *nós* estamos felizes. Cuidar da própria saúde mental significa coisas diferentes para cada pessoa, mas é vital para o bem-estar. É bom lembrar que é preciso cuidar de nós mesmos, sim, porque as pessoas com quem nos importamos querem isso também. Muitas vezes a gente esquece que as outras pessoas nos veem de forma diferente do que vemos a nós mesmos.

Então se orgulhe de quem você é, de quem e do que você ama e das coisas intangíveis que os outros não veem, mas, ainda assim, são importantes para você. Tudo isso é incrível.

FREQUENTEMENTE, EXISTE MUITA PRESSÃO PARA QUE VOCÊ SEJA UM DETERMINADO TIPO DE PESSOA — UMA PESSOA EXEMPLAR, IMPECÁVEL, UM SER HUMANO "BOM".

É COMO SE HOUVESSE UMA LISTA DE COISAS QUE AS PESSOAS QUEREM QUE EU SEJA, MAS NÃO ACHO QUE POSSO CORRESPONDER A TODAS AS EXPECTATIVAS.

- INTELIGENTE
- BONITA
- PERFEITA NO GERAL
- GOSTA DAS COISAS CERTAS

ISSO É PORQUE ESSAS LISTAS SÃO IMPOSSÍVEIS.

MAS EXISTE UM JEITO CERTO DE SER UMA BOA PESSOA...

SIMPLESMENTE SENDO VOCÊ MESMO.

UM MONTÃO DE
LEMBRETES

Na maior parte do tempo a depressão parece que é o fim do mundo, mas não é — tem muito mundo que definitivamente não está acabando!

As pessoas adoram a ideia de que a recuperação tenha um ritmo definido, mas na vida real pode demorar, e tudo bem! Você merece dedicar toda a energia e tempo necessários para melhorar.

As coisas levam tempo para mudar, e cada coisinha que dá certo é um passo em direção à melhora. Todas essas pequenas coisas vão se juntando, se tornando maiores e melhores, e quando as coisas realmente estiverem diferentes, é capaz de você nem notar.

Porque estará ocupado demais vivendo.

Cuidar da saúde mental pode parecer muito complicado, com tipo mil exigências, mas, na verdade, é simplesmente o que você quiser que seja! Isso é algo que faz você se sentir melhor? Então é bom para sua saúde mental!

AGORA
Estar preso no aqui e agora pode parecer que leva uma eternidade, e que o momento de seguir em frente para o futuro nunca vai chegar. Embora o tempo passe devagar, as coisas vão mudar — talvez não exatamente como você imaginou, mas vão.

ESFORÇO PEQUENO

ESFORÇO MÉDIO

MUITO, MUITO ESFORÇO

Você é tão incrível por lidar com a sua saúde mental! Muitas vezes a gente não se dá conta de como é difícil se levantar e lidar com isso todos os dias. É algo realmente incrível de se fazer!

Ser gentil consigo mesmo pode ser bem difícil e muitas vezes a melhor forma de praticar é em pequenas doses. Tudo bem se você não conseguir fazer isso de uma vez só! Por dentro ou por fora, todas as partes de você são ótimas.

 Parabéns!

Tudo bem se você tem dificuldade em retornar 100% à vida normal depois que as coisas estiveram ruins. Às vezes os maiores desafios estão nas menores coisas, como conversar com as pessoas e fazer compras no mercado. Você está no caminho certo, e com o tempo essas coisas não vão parecer tão ruins.

Você é ótimo, prometo. Qualquer pessoa que passe tanto tempo se preocupando com interações sociais, com sua imagem perante os demais e com o que diz para os outros se _importa_. E, como você se importa, as pessoas percebem seu esforço, e isso faz com que você seja incrível!

"Só seja você mesmo" pode ser um conselho clichê, mas é algo que poucos de nós praticam. Se abrir para os outros às vezes é difícil! Mas dividir pequenas partes de nós mesmos pode tornar isso mais fácil, e quando deixamos as pessoas em quem confiamos nos verem verdadeiramente, é muito recompensador.

RECURSOS

 Lembre-se: não existe problema ou questão pequena demais para merecer ajuda!

BRASIL

Movimento Conte Comigo
https://www.facebook.com/MovimentoConteComigo/

OMS Brasil
http://www.who.int/eportuguese/countries/bra/pt/

Ministério da Saúde
http://portalms.saude.gov.br/

Centro de Valorização da Vida
http://www.cvv.org.br/
Telefone: 188

Definitivamente você não está sozinho e, se pedir ajuda logo, vai se sentir melhor

Seja gentil com os outros, seja gentil com animais e não se esqueça de ser gentil com você mesmo. O mundo sempre precisa de mais gentileza. Você nunca está sozinho na vida, e seus sentimentos ecoam pelas gerações. Sua existência tem um impacto, e sua voz merece ser ouvida. Momentos difíceis podem vir e embotar sua vida, mas você sempre vai conseguir atravessá-los, mesmo que pareça a coisa mais impossível do mundo. As pessoas veem a bondade em você, ainda que você mesmo nem sempre consiga.

E o mais importante: você é legal.

Prometo.

A brisa fresca da noite jogou fios de cabelo em meu rosto, e eu já estava com dificuldade para enxergar. Nervosa, prendi o cabelo, ainda agachada, escondida. Galhos e folhas me incomodavam, e eu mal conseguia ver minha amiga Katie no altar. Era o casamento dela, meu estômago estava um nó de ansiedade, e eu estava escondida nos arbustos. Como cheguei ali? Vamos retroceder um pouco?

Casamentos deixam qualquer um nervoso, porque envolvem roupas formais, conversas com estranhos, danças. Eu estava nervosa por comparecer à festa porque várias pessoas do colégio, que eu não encontrava havia anos, estariam lá, além de muita gente desconhecida, tudo somado a alguns medos bem racionais (*E se eu dançar de um jeito idiota?*) e a outros inventados pela ansiedade (*E se eu for tão idiota*

a ponto de ninguém querer falar comigo?). Mas Katie e eu somos amigas de infância e crescemos na mesma rua, então é claro que eu queria estar presente quando ela se casasse no Zoológico de Brookfield. Era só uma questão de deixar minha ansiedade para lá por uma noite — uma tarefa que exigia concentração.

Infelizmente, o universo tinha outros planos para mim. O trânsito de Chicago estava congestionado, o que me fez xingar baixinho cada vez que parava em um sinal vermelho. Acabei enrolada em desvios e áreas em obra — provando o dito popular de que "Chicago só tem duas estações: inverno e manutenção". A isso se seguiu a terrível conclusão de que eu não tinha ideia do caminho para a festa. Quando finalmente cheguei ao estacionamento certo, peguei o bonde que atravessa o parque e comecei a andar para onde aconteceria a cerimônia, já estava bem atrasada. Apertei o passo, o coração disparado ao me aproximar... até perceber que estava ouvindo vozes. Será que a cerimônia já tinha começado? Dei a volta rapidamente, mas me vi de frente para Katie e o noivo, Kurt, e para todos os convidados.

Eu estava subindo direto para o altar.

Isso nos traz ao momento em que me escondi nos arbustos, mais envergonhada que nunca. Eu só precisava fazer uma tarefa de adulto — aparecer no casamento da minha amiga — e tinha falhado de maneira espetacular. A ansiedade já estava ao máximo àquela altura, fazendo minha cabeça girar com pensamentos sobre como eu era uma péssima amiga.

Fiquei escondida até a cerimônia acabar, e, então, tentei me misturar aos convidados como se nada tivesse acontecido. Talvez ninguém percebesse que eu não estava lá até o momento. As pessoas começaram a se espalhar para o coquetel, e eu estava perto do viveiro do urso-polar quando a mãe de Katie se aproximou. Meu coração se apertou quando ela perguntou o que eu tinha achado da cerimônia. Acabei contando tudo. Ela só respondeu:

— Beth, se acalme. O dia hoje é de Katie e de Kurt. Todos nós queremos que ela se divirta, mas, se você começar a falar como se atrasou e perdeu parte da cerimônia, ela vai acabar ficando chateada. Só deixe para lá, se concentre em se divertir e aproveite! Porque todo mundo está aqui para isso.

A mãe da Katie estava totalmente certa. Aquele dia era uma celebração de Katie e Kurt, não da minha ansiedade. A melhor coisa que eu poderia fazer naquele momento era relaxar e me divertir, mesmo que isso parecesse muito difícil.

Eu decidi ser a melhor pessoa já convidada para um casamento na história do mundo.

Durante o jantar, saí da zona de conforto, me certificando de que estava conversando com todos na mesa. Fiz perguntas e respondi às que me faziam. Discussões dinâmicas se desenrolaram, e eu continuei ignorando a sensação de tristeza

por ter me atrasado para o casamento. Mantive o sorriso no rosto, mas, depois de um tempo, nem parecia mais fingimento, porque eu estava mesmo me divertindo. Era fácil falar com as pessoas, que até riam de minhas piadas bobas. Eu estava progredindo, e ninguém nem me perguntou se eu tinha visto a cerimônia.

Mas para ser uma convidada nota dez mesmo eu ia ter de dançar. Eu havia visitado Katie em casa alguns dias antes, e todo mundo tinha me zoado porque eu não queria dançar, o que me deixou um pouco envergonhada. Mas uma boa convidada participa dos eventos, e dançar, certamente, fazia parte daquele. Então eu me arrastei até a pista de dança e tentei fazer uns passinhos bobos. Logo as músicas foram melhorando, e, quando me dei conta, não era esforço nenhum dançar. Na verdade, eu estava *gostando*. Dancei com todo mundo a meu redor, conversando e cantando junto. Em certo ponto fiquei sozinha na pista, fazendo uns passos ridículos enquanto tocava "Take On Me", do A-ha. Quando a mãe de Katie me viu dançando feliz, ela abriu um sorriso do outro lado do salão.

O momento mais inesperado da noite foi quando Katie jogou o buquê. A tradição diz que as mulheres solteiras devem ficar em fila atrás da noiva, e quem pegar o buquê vai ser a próxima a se casar. Eu já tinha ido a alguns casamentos, mas jamais prestado muita atenção a essa tradição. Todas nós fomos arrastadas até a pista, e eu fiquei ali, com todas as meninas.

O buquê voou pelo ar...

... e eu o peguei.

Foi um furacão; de repente todo mundo se afastou de mim e eu fiquei sozinha na pista, as luzes girando ao redor, as flores em meus braços enquanto os convidados gritavam e comemoravam. Eu estava tão feliz, Katie me deu um grande abraço. O fotógrafo tirou um retrato nosso e baixei os olhos para as flores. Com certeza tradições não significam nada, né?

A próxima música era mais lenta, então fiquei no corredor segurando minhas flores. Um dos padrinhos se aproximou e perguntou se eu queria dançar. Ele era bem alto, e eu não sou, então meio que fiquei segurando seu dedão gigante. Tudo o que eu queria era voltar no tempo e dizer para mim mesma que uma hora as noites não seriam mais sinônimo de choradeira embaixo dos cobertores, como se o mundo estivesse prestes a acabar — às vezes, eu ia dançar com garotos em casamentos.

Quando a noite acabou e chegou a hora de ir embora, peguei o bondinho que atravessava o agora escuro zoológico. Os animais faziam barulhos ao longe, mantendo os sonolentos convidados despertos. Olhei para o buquê de novo. Talvez aquelas flores significassem que eu ia me comprometer com alguém no futuro, ou talvez indicassem que eu me comprometeria a me esforçar para

superar minha ansiedade, que eu tinha feito um grande progresso naquela noite.

De uma forma ou de outra, elas tinham um cheiro delicioso, fresco e doce, com um toque de futuro.

Agradecimentos

Eu gostaria de agradecer a Liate Stehlik e Jennifer Hart, Cassie Jones, Susan Kosko, Leah Carlson-Stanisic, Jeanne Reina, Jeanie Lee, Molly Waxman, Julie Paulauski, Caitlin Garing e a todos da William Morrow e HarperCollins que me ajudaram a transformar este livro de um sonho impossível em realidade.

Além disso, gostaria de agradecer em especial a Emma Brodie, minha editora, que leu todos os meus rascunhos horríveis, riu das minhas piadas idiotas, me mandou livros românticos e se tornou minha amiga. Palavras nunca serão capazes de descrever totalmente o quanto você é maravilhosa.

Um obrigada especial a Penny Moore e Andrea Barzvi da Empire Literary, que responderam a todas as minhas perguntas ridículas, viram meu potencial quando eu não conseguia vê-lo em mim mesma e são duas das melhores pessoas que já conheci. Também gostaria de agradecer a Sandy Hodgman por lidar com a venda de direitos para outros países, me dar um curso intensivo sobre impostos e por ser imensamente paciente comigo.

Também seria legar agradecer a Eli, minha melhor amiga, que o tempo todo me deu força, leu todos os meus quadrinhos e sugeriu que eu agradecesse a Danny DeVito em vez de a ela. Obrigada a Brittany e Krystal, que leram minhas mensagens de texto bobas e me apoiaram sempre. Elisabeth, minha amiga dos doze pontos da Áustria, e Ruby, minha companheira de tristeza de *Black Books* — vocês duas são amigas de internet fantásticas. Um obrigada especial a Cody, minha terapeuta, por todos os insights e por me deixar tirar os sapatos no sofá.

Eu também quero agradecer aos meus pais — obrigada por me deixarem ficar na casa de vocês.

Por fim, obrigada a todos que acompanharam meu trabalho nos últimos anos. O apoio constante, as mensagens de incentivo e o interesse nos meus quadrinhos são incríveis. Sua leitura significa tudo para mim; obrigada por tornar este o primeiro livro que não tive que grampear eu mesma.

Este livro foi composto nas tipologias Century Gothic, GFY Brutus,
Otaku, Take Out The Garbage, Walbaum MT Std,
e impresso em papel offset 90g/m², no Sistema Cameron da
Divisão Gráfica da Distribuidora Record.